村井章介
Shosuke Murai

分裂から天下統一へ

シリーズ日本中世史④

岩波新書
1582

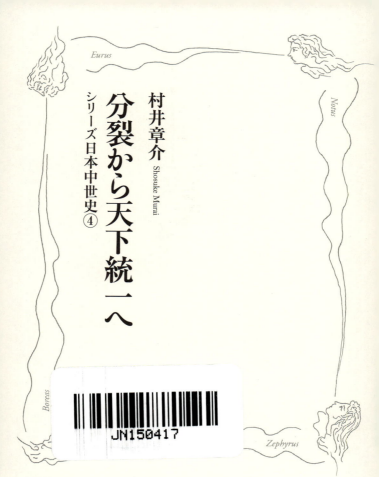

はじめに

十六~十七世紀の日本列島では、「戦国時代」の分裂・争乱のなかから統一への動きがあらわれ、信長《のぶなが》、秀吉《ひでよし》、家康《いえやす》という「天下《てんか》人《びと》」が出現して、政治的・経済的統合を実現する。争乱がつちかった軍事にかかわる諸力は、平和的領域に応用され、権力の分散した中世には考えられなかった増産をもたらした。そして逆に、解放された生産力はより集権的な政治権力を要求し、やがて江戸《えど》幕府による「天下泰平」がもたらされた。

本巻では、右のような時代を叙述するにさいして、諸外国・諸地域との関係や海外交流に軸線を設定した。その理由は大きくわけて二つある。

第一に、この時代の後半に、かつてない強大な権力を握った秀吉が強行した、二度にわたる対外侵略戦争、すなわち文禄《ぶんろく》・慶長《けいちょう》の役《えき》があったこと。この戦争の原因を精緻に分析するには、秀吉個人の性格や欲望だけでなく、世界情勢や東アジアの国際関係を視野に入れる必要がある。そして、大戦争によって破壊された国際関係や外交秩序は、いかにして修復されあらたなわくぐみが作られていったか。

第二に、戦国時代その極に達した分裂状況が、急に流れを転じて、幕藩制《ばくはんせい》国家とよばれる、前近代としては最高度に集権化された国家体制が生み出されたこと。これは国内史の問題のように見えるが、じつは地球規模の「世界史」の成立をぬきにしては語れない。しかしその歴史的意味は、「ヨーロッパとの出会い」にだけあるのではない。むしろ明清《みんしん》交代に帰結する東アジアの激動の一部として見ていく必要がある。

ここで一枚の地図に描かれた日本列島を見よう。一五六一年にポルトガル人地図作家バルトロメウ・ヴェーリョが作成した「世界図」は、左右（西と東）の端に一つずつ、脇に大きな字で“IAPAM”と書かれた日本列島が登場する（図0-1は右端のもの）。西欧から見て日本は、東西どちらに進んでも世界の果てにあった。

この地図は、ヨーロッパ人による日本列島の記述史上、大きな画期をなす作品である。十六世紀なかば、大内氏滅亡直前ころの日本について、宣教師や船乗りや商人がえた見聞を集約したものと考えられる。以下、その画期性を示す地図中の記述をあげてみよう。

第一に、BANDOV（坂東）、MIACOO（都）、MA/GV/CHE（山口）、BV̄/GO（豊後）、TOMSA（土佐）、CA/GA/XV/MA（鹿児島）という地域名がはじめて記された。幕府およびおもな戦国大名の支配領域をおおまかに表現したものだ。第二に、osaqua（大坂）、minas da prata（銀山、MAGVCHE と MIACOO に一か所ずつ）、tanasuma（種子島《たねがしま》）など重要な地名がはじめて記された。第三に、本州のなかに Ladroes（盗賊）記載がはじめてあらわれた。第四に、蝦《え》夷島《ぞがしま》がはじめて出現し、そのなかに Nesta ilha ha muito ouro si prata（この島は多くの金銀を産する）とある。

図0-1　バルトロメウ・ヴェーリョ作「世界図」(1561年，フィレンツェ・美術アカデミー所蔵)

銀山と盗賊島 I. dos ladrois はこの時期の日本列島を特徴づける二つのキーワードだ。二か所の「銀山」は石《いわ》見《み》と生野《いくの》だろう。「銀山」の文字は後続の地図にひんぱんにあらわれ、数を増していく。爆発的な増産が進行中の日本銀こそ、ヨーロッパ人の最大の関心事だった。また「盗賊島」の文字は、先行の地図がすでに対馬《つしま》にあたる場所に記しており、これも数を増していく。最盛期にあった後期倭寇《わこう》——それは東アジア国際社会で最大の外交課題となっていた——の巣窟を記述したものと考えられる。

BANDOV 以下六つの地域は、明瞭な境界線でくぎられ、その支配者をポルトガル人は「国王 rei」とよんだ。この王国はみずからの意思で領土・人民の支配を実現しており、「地域国家」という概念がふさわしい。そのいっぽうでポルトガル人は、IAPAM というまとまりが存在することも知っていた。分裂が極に達した時点での「地域国家」と IAPAM の並存。そこに天下統一へと流れが転じる秘密が隠されているのではないか。

目　次

目次

第一章　戦　国——自立する地域

1　将軍家分裂と室町外交の終焉

勘合貿易をめぐる大内氏と細川氏

中国と周辺諸国は「冊封《さくほう》体制」とよばれる国際関係を長く維持してきた。「冊封」とは、天子が冊すなわち文書で臣下を領土の一定部分に封じる（統治を委ねる）という意味で、冊封体制とは、皇帝と諸国の王が擬制的な君臣関係を結ぶことによって、中国を宗主国《そうしゅ》、周辺諸国を朝貢《ちょうこう》国に位置づける、という国際関係のシステムを指す。これに付随して、諸国の王が方物《ほうぶつ》（自国の物産）を献上する見返りに、皇帝から莫大な金銭や物品が下賜されるという、朝貢貿易が行なわれた。

十五世紀初頭、足利義満《あしかがよしみつ》が明皇帝から「日本国王」に冊封されて、九百年ぶりに中国との間に正式の国交が成立した。最初の十年ほどは、双方の使節がひんぱんに往来して政治・外交中心の関係が結ばれた。義満の死後、嗣子義持《よしもち》は日明国交を断絶し、一四三三年それが義持の弟義教《よしのり》によって復活したときには、明から日本国王に給付される貿易許可証の「勘合《かんごう》」を携えて、貿易船が日本から明へ赴くのみの、経済中心かつ一方向的な関係に変貌していた。この「勘合貿易」が室町時代の日中関係のキーワードとなる。

有力守護大名や大寺社が対明貿易に参入するには、貿易商人と結んで船や乗組員や貿易品を準備するほか、勘合を日本国王(多くのばあい室町将軍)からもらう必要があった。その謝礼として納められた「勘合礼銭《れいせん》」は、財政難にあえいでいた幕府にとって有望な財源の一つとなり、しだいに一通三百貫文《かんもん》という相場が定まってくる。

こうしたなかで積極的に勘合貿易にのりだしたのが、中国地方の実力者、大内《おおうち》氏だ(図1-1)。十四世紀から朝鮮貿易を財政基盤としていた大内氏は、十五世紀なかばの教弘《のりひろ》の代には、北九州に手を広げて、東アジア有数の貿易港博多《はかた》に進出し、博多商人と深い関係を結ぶにいたった。

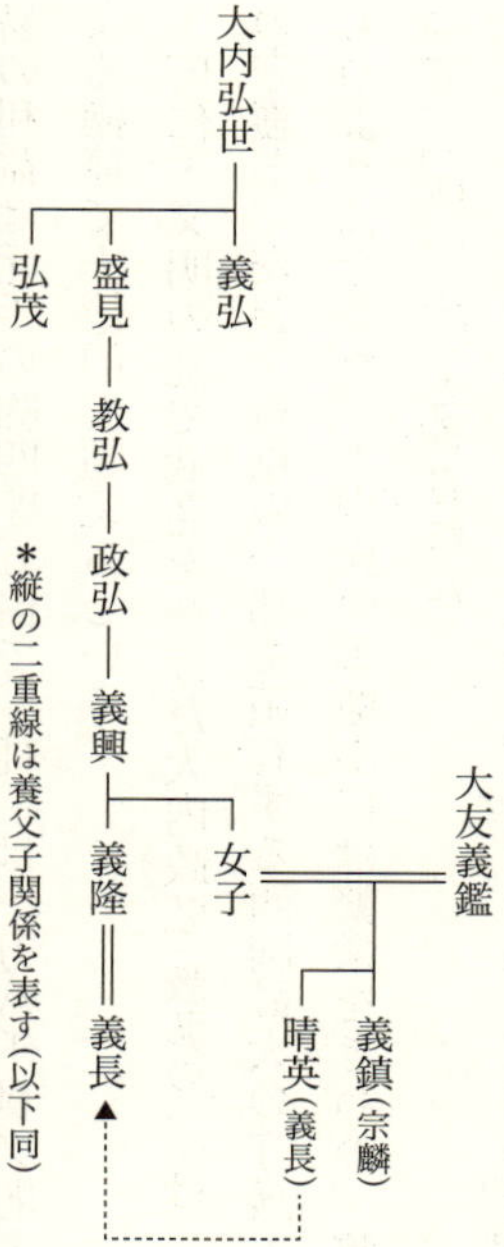

＊縦の二重線は養父子関係を表す(以下同)

図1-1　大内氏系図

一四五三年に入明した九艘の勘合船団には、初参加の大内船がふくまれていた。大内氏は明から銅銭や生糸、書籍、絹織物、金襴《きんらん》などを輸入して、莫大な利益をえた。一四六八年入明の勘合船のばあい、貿

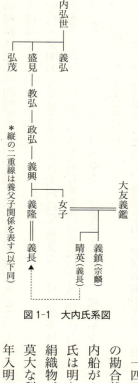

易の利益は元手の約四～五倍で、純益は一万八千貫文弱となった。これは現在の消費者米価による換算で十億円を超えるという。

応仁・文明の乱で武名を挙げた大内政弘《まさひろ》（教弘の子）は、最盛期には周防《すおう》・長門《ながと》・豊前《ぶぜん》・筑前《ちくぜん》の守護と、安芸《あき》・石見の一部を領有する西国最大の守護大名にのしあがり、幕政にも影響力をもつようになった。大内氏の本拠山口は繁栄をきわめ、政弘が文化に造詣が深かったこともあって、「西の京」と称された。

こうした大内氏に対抗したのが、管領《かんれい》を出す家柄の細川《ほそかわ》氏だ。細川氏は勘合を握る室町殿のそば近くにいる立場を利用して、大内氏に勘合を与えないよう画策した。その結果、一四六八年入明の勘合船のあと、大内氏はしばらく勘合貿易から締め出されてしまう。文明八年（一四七六）、同十五年、明応二年（一四九三）発の三度の勘合船は、いずれも細川氏と結んだ堺《さかい》商人の請負いで経営され、堺から出発している。

こうした勘合貿易をめぐる「大内氏・博多商人グループ」と「細川氏・堺商人グループ」の綱ひきは、中央政局の動向と連動して大きく揺れ動いた。

三浦の乱

十五世紀以来、対馬の対岸にあたる朝鮮半島の東南端に、「三浦《さんぽ》」とよばれる倭人の居留地があった。三浦とは現在の慶尚南道《キョンサンナムド》に所在する乃而浦《ネイポ》（薺浦《チェポ》ともいう。鎮海《チネ》市)・富山浦《プサンポ》(釜山広域市)・塩浦《ヨンポ》(蔚山《ウルサン》広域市)の三港湾の総称である。

もともと三浦は、朝鮮政府が港をふくむ海岸の一部を封鎖して、なかに「倭館《わかん》」とよぶ交易施設を設け、対馬から(あるいは対馬を経由して)来る貿易船の入港場に指定した場所だった。ところが、猫額《びょうがく》の空間に多数の倭人が住みついて(これを朝鮮側は「恒居倭《こうきょわ》」とよんだ)、日本式の寺まで備わった都市の景観を呈してくる。一四七一年に朝鮮で作られた地誌『海東《かいとう》諸国紀』に、三浦の景観を描いた絵地図が収められている(図1-2)。恒居倭の統治は対馬島主が任命する代官に委ねられていた。こうして三浦は事実上、対馬の延長という性格をおびるようになる。

十五世紀後半、三浦の人口は急増し、最大の乃而浦では数千人にも達した。三浦における滞在費は原則として朝鮮もちであり、おまけにここを拠点とする密貿易が横行するようになって、朝鮮政府の頭痛の種となった。そこで朝鮮は、居留人口を制限したり、商取引の監視を強化したり、入港する船のサイズを厳格に測定したり、といった統制策をうちだした。とくに一五〇九年に釜山浦を管理する行政官に着任した李《り》友曽《ゆうそ》は、容赦なく国法をふりかざして、不正行為をとりしまった。恒居倭からの訴えを受けた対馬島主宗盛順《そうもりのぶ》は、地方武官に書面を送って抗議したが、返答はなかった。

ことの発端は、一五一〇年二月、乃而浦の倭人が海賊と誤認されて斬られた事件だった。日ごろから不満をためこんでいた三浦の倭人たちは、四月、宗盛順の代官（対馬守護代）宗国親《くにちか》の援軍をえて暴動に決起した。かれらは李友曽を殺害し、乃而浦の監督官を虜にして、朝鮮側に要求項目を突きつけたが、受け入れられず、付近の各所を掠奪した。

図 1-2　熊川《ウンチョン》薺浦之図（1471 年）
寺が 11 もあったことがわかる．他に「東萊《トンネ》富山浦之図」「蔚山《ウルサン》塩浦之図」があり，いずれも現地の地形とよく合致する．『海東諸国紀』より．

倭人・対馬側としては、ひとしきり騒擾を起こしたうえで講和にもちこみ、統制の緩和をかちとる算段だった。だが、朝鮮側は講和に応じず、逆に慶尚右道の軍事指揮官率いる軍隊が反撃を加えて、三浦を制圧した。三浦の倭人たちは対馬に逃れ、対馬と恒居倭は、長年にわたって築いてきた居留地だけでなく、朝鮮通交のすべての権益を失う結果となってしまった。

明応の政変と並び立つ「公方」

文明五年（一四七三）に山名《やまな》宗全《そうぜん》・細川勝元《かつもと》があいついで死んで、応仁・文明の大乱が一息つくと、足利義政《よしまさ》は将軍職を日野《ひの》富子《とみこ》の生んだ子義尚《よしひさ》に譲った。

ところが義尚は長享《ちょうきょう》三年（一四八九）に近江六角《ろっかく》攻めの陣中、二十五歳で早世してしまう。勝元の子政元《まさもと》は、義政の庶兄で堀越公方《ほりごえくぼう》となった政知《まさとも》の子（香厳院清晃《こうごんいんせいこう》）を次期将軍に推したが、富子が畠山政長《はたけやままさなが》と結んで、かつて対立した義視《よしみ》（義政の弟で一時次期将軍と目された）の子である義稙《よしたね》（当時の名は義材《よしき》。義尹《よしただ》、義稙と改名）を、翌年将軍とした（図1-3・4）。

ところが明応二年（一四九三）、義稙・政長が河内に出陣していた隙をついて、政元がクーデタを起こした。政元は、政長を自害に追いこみ、義稙を捕縛し、清晃を還俗させて将軍とした（義遐《よしとお》、のち義高《よしたか》さらに義澄《よしずみ》と改名）。この事件を明応の政変という。これにより将軍家は、義稙の跡（―義維《よしつな》―義栄《よしひで》）と義澄の跡（―義晴《よしはる》―義輝《よしてる》―義昭《よしあき》）の二流に分かれ、それぞれを擁する細川氏・三《み》好《よし》氏ら有力者の傀儡《かいらい》にすぎなくなった。将軍や前将軍が京都にいないことも珍しくなく、

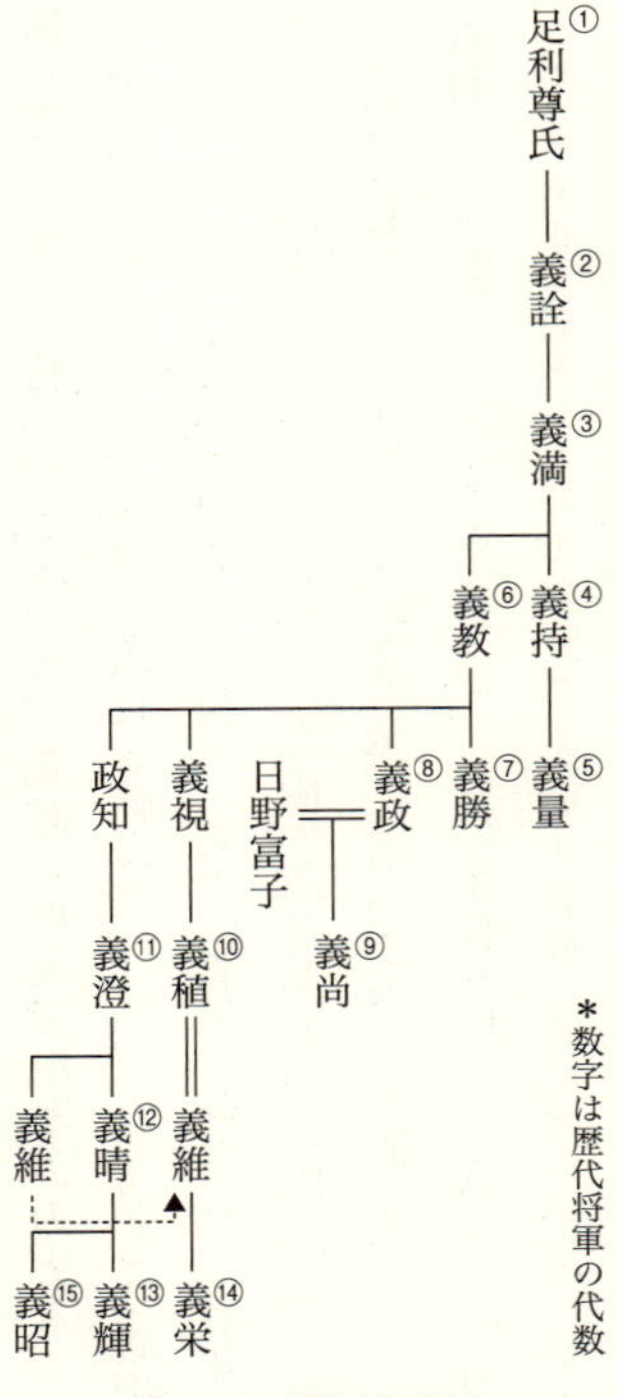

図 1-3　将軍家系図

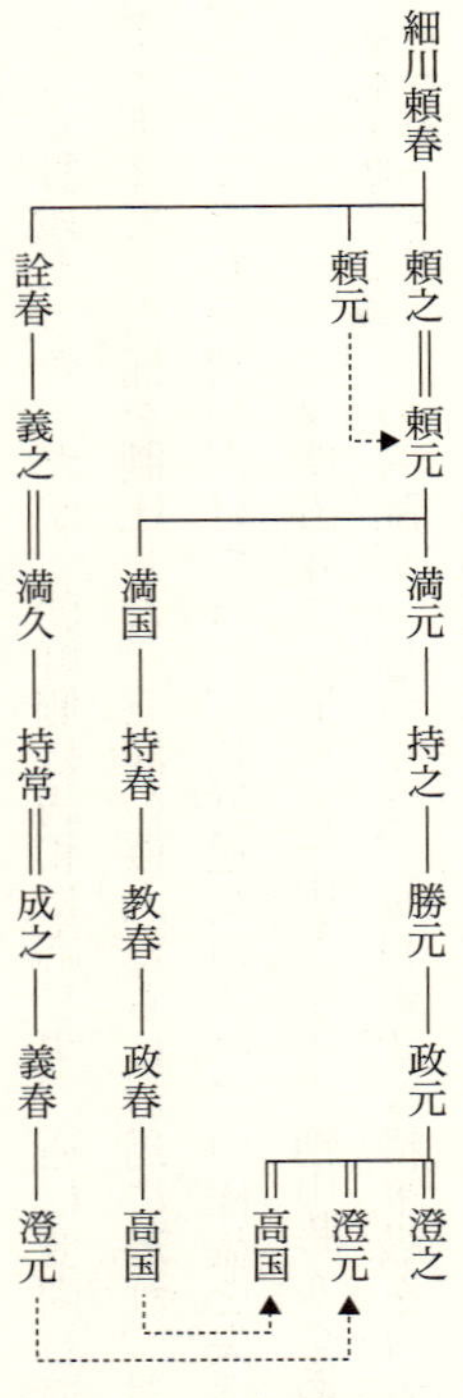

図 1-4　細川氏系図

分立した「公方」を旗じるしとする複数の勢力が、畿内・近国で、複雑に離合集散しつつ果てしない抗争をくりひろげた。

おなじく明応二年、幕府官僚伊勢《いせ》氏の出で駿河《するが》今川《いまがわ》氏のもとにいた盛時《もりとき》が、足利茶々丸《ちゃちゃまる》（義澄の異母兄）を伊豆堀越御所から追放した。これは京都の義澄・政元の意を受けた動きとみられる。出家して宗瑞《そうずい》を名乗った盛時は、二年後には大森《おおもり》氏の相模《さがみ》小田原城を奪取した。この伊勢宗瑞こそ、通常北条早雲《ほうじょうそううん》とよばれ、戦国時代の関東に覇を唱えた小田原北条氏（後北条氏とも）の祖である。

以後、関東地方の広域が、伝統的勢力である古河《こが》公方足利氏と関東管領上杉《うえすぎ》氏、そして新興勢力北条氏の、三つどもえの抗争に巻きこまれていく。上杉権力の内実を握るのは、越後を本拠に上野《こうずけ》にも展開する守護代長尾《ながお》氏だった。長尾景虎《かげとら》（のちの上杉謙信《けんしん》）が関東管領を継承し、北条氏が古河公方を権威として戴いて、関東の戦国争乱は推移する。

近年有力な学説では、畿内・関東の双方で画期となる事件が起きたこの明応二年を、戦国時代の幕開けとする。

細川政元は修験道《しゅげんどう》と稚児《ちご》遊びにふけって嗣子なく、前関白九条政基《くじょうまさもと》の子澄之《すみゆき》、阿波守護家の細川澄元《すみもと》、細川野州《やしゅう》家の高国《たかくに》を、あいついで養子に取った。これが、細川京兆《けいちょう》家（本家）の家督をめぐって三人やそれぞれの後継者が争いあう種となった。

澄元が三好之長《ゆきなが》に擁されて阿波から上洛すると、澄之をかつぐ香西元長《こうざいもとなが》らは永正《えいしょう》四年（一五〇七）に政元を暗殺した。しかし近江に逃れた澄元・之長が反攻して澄之を自決に追いこみ、澄元は将軍義澄に迫って自身の家督継承を承認させた。同五年、今度は高国が京都に攻め上って義澄・澄元・之長らを近江に追った。おりしも、流浪のすえに大内氏を頼っていた足利義稙が大内義興《よしおき》に擁されて上洛すると、高国は義興と結んで義稙を将軍職につけ、みずからは管領になって家督を承認された。義興は管領代となった。義澄は京都に帰れないまま生涯を閉じる。

京都政界で重きをなした大内義興だったが、長期の在京は大きな負担となり、さらに当主不在の国元では、安芸武田《たけだ》氏や出雲尼子《あまご》氏の侵攻をこうむるなどの事態も起きていた。対応に苦慮した義興は、義稙や高国と不和になったこともあり、永正十五年(一五一八)に管領代を辞して周防に帰国する。

高国は、同十六年から十七年にかけて、澄元やその重臣三好之長を一進一退の戦いのすえに破り、幕府の実権を掌握した。ところが、同十八年(大永《だいえい》元、一五二一)義稙が高国の専横に怒って淡路に出奔するという事件が起きた。義稙が澄元に細川家の家督を認めたのに対抗して、高国は義澄の遺子義晴を将軍に立てた。かつて自分が将軍の座からひきずり下ろした人物の子を、今度は自分の都合で将軍にしたのだ。

大永七年(一五二七)、澄元の嗣子晴元《はるもと》は堺を拠点に義稙の養子義維(義晴の兄弟)を擁立し(堺公方)、近江に陣して京都をうかがう高国・義晴の勢力に対抗した。京都は晴元の家臣柳本賢《やなぎもとかた》治《はる》・三好元長《もとなが》が押さえていたが、この両人が反目する状況となり、混乱が続くなかで、高国は享禄四年(一五三一)に元長に敗れて自害に追いこまれた。天文《てんぶん》二年(一五三三)、晴元は義維を見

表1-1　寧波の乱における対抗関係

前将軍義稙―大内義興（博多商人）―正徳勘合―遣明正使・謙道宗設
現将軍義晴―細川高国（堺商人）――弘治勘合―遣明正使・鸞岡瑞佐

限って義晴を将軍と認め、ここに堺公方府は消滅した。

寧波の乱

前述のように、永正五年（一五〇八）大内義興は細川高国と組んで足利義稙を将軍に返り咲かせた。その結果、一五一一年入明の遣明船は大内船二隻、細川船一隻の構成となり、二年後、「正徳《せいとく》勘合」を携えて帰国した。そのさい、義興は勘合を義稙に渡さず懐に入れてしまった。永正十三年（一五一六）、義稙は義興の求めに応じて、遣明船派遣を永久に大内氏に管掌させることを、御内書《ごないしょ》をもって明言した。はたして、謙道宗設《けんどうそうせつ》を正使とし正徳勘合を携えて一五二三年に入明した遣明船は、三隻すべてが大内氏の経営だった。

大内氏の独占的な遣明船派遣は義稙との関係で支えられていたが、大永元年（一五二一）には将軍は義晴に代わっており、永正十五年（一五一八）の義興帰国後は細川高国と大内氏の関係も途絶えていた。高国からすれば、大内氏による勘合貿易独占を許す理由はもはやなかった。大永三年、高国は新将軍義晴に働きかけ、大内氏の手にある「正徳勘合」とは別に、すでに無効となっていたはずの「弘治《こうじ》勘合」を用いて遣明船を派遣した。鸞岡瑞佐《らんこうずいさ》を正使とする一行は、大内船の跡を追うように寧波《ニンポー》をめざした。こうして勘合貿易の利をめぐって対立する二つのグループが、寧波の地で遭遇することとなった(表1-1)。

細川船は大内船より一、二日遅れて寧波に入港した。ところが、細川船の副使を務めていた中国人の宋素《そうそ》卿《けい》が現地の検査官に賄賂を贈り、大内船より先に入国手続きを済ませてしまう。これを知った大内船の謙道宗設らは激怒、鸞岡瑞佐らを殺害し、細川船を焼き払った。そればかりか、大内船の一行は寧波市街にまで放火・略奪の手を広げ、逃亡した宋素卿を追って西の紹興《しょうこう》方面へむかい、船を奪って海上から逃げ去ってしまった。そのさい、大内勢は明の指揮使(現地の武官)の劉錦《りゅうきん》らを殺害し、指揮使の袁璡《えんしん》を人質に取って博多まで連行した。これを寧波の乱または寧波争貢事件という。

貿易管理システムの破綻を露わにしたこの不祥事は、明に大きな衝撃を与えた。賄賂を贈って事件の発端をなした宋素卿と収賄側の役人が投獄され、素卿は獄死した。明はこの事件を奇貨として、大きな財政負担となっていた日本との貿易を断絶した。

寧波の乱は、勘合貿易の歴史に限れば、細川・大内抗争期から大内独占期への画期にすぎない。しかし、細川の使者と明の役人が結託した不正に怒った大内の使者が、腕力に訴えて騒乱をひき起こした点に注目すれば、冊封体制が機能不全を起こし、その秩序から外れた海上勢力が主役となる時代の、起点に位置づけることができる。

大内氏滅亡と勘合貿易の途絶

寧波の乱後の日明国交断絶に対して、細川氏と大内氏はそれぞれ独自の外交ルートを駆使して貿易再開を画策した。大内氏はかねてより外交関係を築いていた朝鮮ルートを通じて、明との外交関係復活を図った。しかし、朝鮮が講和斡旋を拒否したため、琉球を通じて明とのパイプをもっていた足利義晴・細川高国政権に遅れをとってしまった。そこで大内義興は琉球国王に接近し、明が求めていた袁璡の送還を外交カードとして利用するなどして、細川方の対明交渉ルートを遮断する。

ついに享禄《きょうろく》三年（一五三〇）、二年前に病没した義興の跡を継いだ義隆《よしたか》が、将軍義晴から遣明船経営権の承認をとりつける。これによって日明貿易は大内氏の独占となり、義隆は、天文八年（一五三九）と同十六年の遣明船派遣によって、莫大な利益を獲得した。大友《おおとも》氏や相良《さがら》氏など、勘合貿易への参加を求めた勢力もあったが、義隆は明から下される勘合を更新してもらうことで、大友氏が入手した「弘治勘合」を無効とするよう働きかけた。

だが大内氏の勘合貿易独占は突如として終わりを告げる。天文二十年（一五五一）、大内氏の重臣陶隆房《すえたかふさ》が謀反の兵を挙げ、義隆を自害に追いこんだのだ。挙兵に先立って隆房（晴賢《はるかた》と改名）は、大内氏と北九州をめぐって争っていた大友宗麟《そうりん》と結託、宗麟の弟で義隆の甥にあたる晴英《はるひで》（義長《よしなが》と改名）を大内氏の当主に擁立した（図1-1）。以後、中国地方の情勢は、安芸の新興勢力毛利元就《もうりもとなり》、山陰に勢力を広げる尼子晴久《はるひさ》、事実上の大内氏後継となった陶晴賢、の三大勢力がにらみあう局面となる。

そして天文二十四年(一五五五)、厳島《いつくしま》の戦いで毛利元就が陶晴賢を滅亡に追いこみ、さらに二年後に元就が山口の大内義長を自害させたことによって、大内氏は最終的に滅亡する。それは、日本と明との正式な外交・貿易関係が断絶する事態を意味していた。

2　戦国大名と分国法

戦国大名支配と文書

戦国大名は、あらたな支配の質に対応する文書《もんじょ》体系を生み出した。家臣との主従関係にともなう権利付与文書である判物《はんもつ》や領国外の交渉相手とやりとりされた書状は、前代からひき続く様式だが、あらたに多用されるようになったのが印判状《いんばんじょう》である。今川氏から使用が始まった印判状は、判物に据える花押《かおう》の代用に印鑑を捺すことから始まったが、しだいに主従制支配のもとにない寺社・郷村《ごうそん》・百姓中・商人・職人などに対して、行政的な指示を出したり法令を伝達したりといったばあいに特化して、用いられるようになった。印判状には多く大ぶりの朱印が使用され、今川の「如律令《にょりつりょう》」、北条の「禄寿応穏《ろくじゅおうおん》」、織田《おだ》信《のぶ》長《なが》の「天下布武《てんかふぶ》」などのような標語を彫ったり、虎・龍・獅子などをあしらって権威づけすることもあった（図1-5）。

戦国大名はみずからが支配する領域と家臣・給人の総体を「国家」とよび、その頂点に立つみずからの意思を「大途《たいと》」「公儀《こうぎ》」などと表現した。「大途」にもとづく「国家」動員は、領国内の成年男子すべてにおよんだ。北条氏が、隣接する武田氏の攻勢に脅かされていた永禄十三年（一五七〇）に、領内の郷村に出した虎印判状は、右のような論理を典型的に表現している（「高岸文書」「清水淳三氏所蔵文書」）。

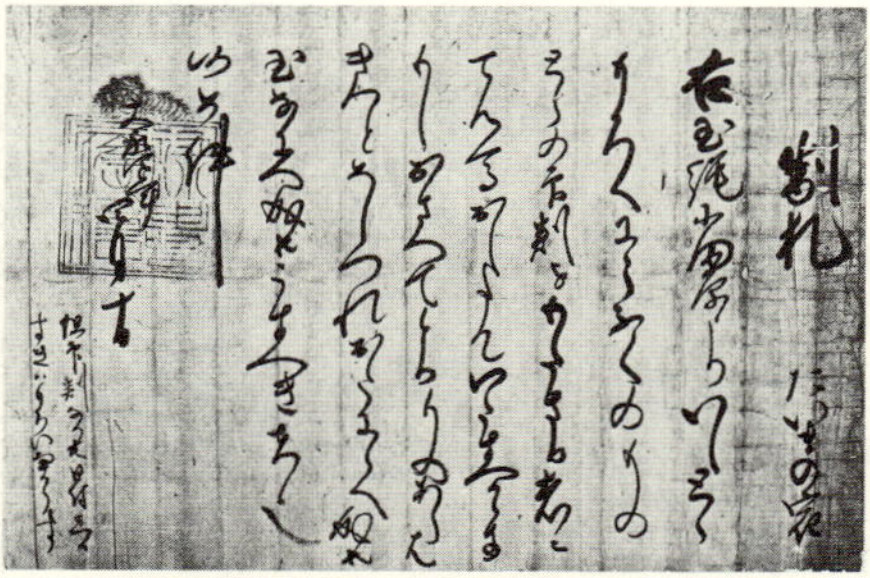

図1-5　北条氏虎印判状（個人蔵）
当主の代替わりを超えて用いられた．武田氏の龍印判状も同様．

今度御分国中人改有之而《これありて》、何時も一廉《ひとかど》之弓矢之刻《きざみ》者《は》、相当之御用可被仰付《おおせつけらるべき》間、罷出可走廻《まかりいではしりめぐるべく》候。至于其儀者《そのぎにいたりては》、相当之望之儀被仰付可被下《くださるべく》候。幷《ならびに》罷出時者兵粮可被下候。於自今以後ニ、虎御印判を以御触ニ付而者《ついては》、其日限一日も無相違可馳参候。抑《そもそも》か様《よう》之乱世ニ者、去《さり》とてハ其国ニ有之者ハ、罷出不走廻而不叶意趣ニ候処ニ、若令難渋付而者、則時ニ可

被加成敗。是大途之御非分ニ有間《あるま》敷《じき》者也。仍如件。

以上の諸点に、同一の日付で多数の画一的な文書が発給されたり、大名家の代替わりがあっても同一の印章が印判状に継続使用されたり、という現象も加えて考えると、戦国大名の領国支配は当主個人を離れて非人格化し、超越的な国家権力へと上昇をとげつつあったといえよう。ただしこのような特徴は、今川・北条・武田など東国大名に典型的に見られるもので、そもそも毛利・大友・島津《しまづ》等西国大名は印判状をあまり用いていない。その意味で、近世へとつながる支配の質を備えていたのは東国大名だった。もし西国大名の路線が拡大発展したとすれば、実存したのとは別の近世社会がありえたのかもしれない。

分国法の制定

戦国大名は、みずからの支配領域に独自の法を施行し、なかには法典を整備した大名もあった。今川氏が天文二十二年（一五五三）に制定した「仮名《かな》目録追加」に、「旧規より守護使不入と云ふ事は、将軍家天下一同の御下知を以て、諸国守護職を仰せ付けらるる時の事なり。……只今はをしなべて自分の力量を以て、国の法度《はっと》を申し付け静謐《せいひつ》する事なれば、守護の手入るまじき事かつてあるべからず」というマニフェストがある。「自分の力量」「国の法度」という表現に、将軍家をふくめいかなる上位者をも戴かない地域国家の王としての気概が感じられる。

ここでは武田晴信《はるのぶ》（信玄《しんげん》）が天文十六年（一五四七）から同二十三年にかけて施行した「甲州法度之次第」（以下「法度」と略記）を例として見ていこう。この法典の第一の特徴は、制定者信玄の人格が大きく影を落としていることだ。

一。公事（裁判）沙汰の場（法廷）に出づるの以後、奉行人の外、披露致すべからず。況んや落着の儀に於てを哉《や》。若し又、未《いま》だ沙汰の場に出でざる以前ならば、奉行人の外為《た》りと雖も苦しからず。内々の披露成共、一人と為《し》て申す事、一切之《これ》有るべからず。

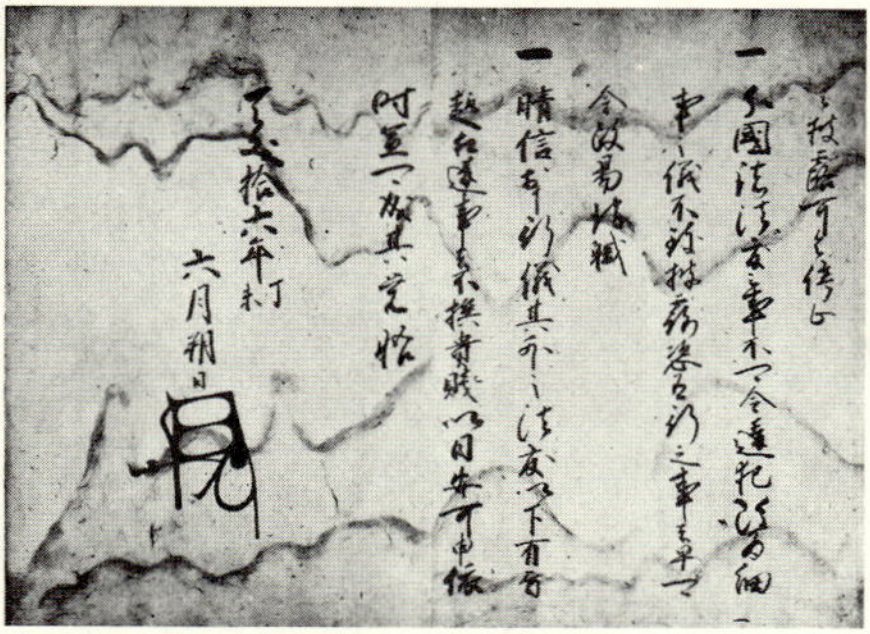

図 1-6　甲州法度之次第（個人蔵）
26 か条本の巻末．信玄の花押が据えられている．

右に掲げた第二条において、「披露《ひろう》」は信玄に申し出ることで、先行の解釈がいうような「社会に発表する」等々の意味ではない。これは「法度」で披露の語が見える八か条すべてに通ずるもので、なかでも第四十一条「他人養子の事、奏者に就き披露に及び、印判を申し請くべし」にもっとも明瞭だ。そして末尾に置かれた「晴信、行儀《ぎょうぎ》その外の法度以下に於て、旨趣《しいしゅ》相違の事有らば、貴賤を撰《えら》ばず、目安《めやす》を以て申すべし、時宜に依りて其の覚悟を成すべし」は、定立された法は信玄自身をも規制する超越的な権威であることを宣言している（図1-6）。

「法度」には、文字・語句の異同はおろか条文の数や排列さえも異なる多数の異本が存在し、必要に応じて追加・削除・改訂がくりかえされた「生ける法」であったことをうかがわせる。制定当初から存在したと見られる二十五か条のうち、六か条が貞永元年（一二三二）の「御成敗《ごせいばい》式目《しきもく》」、十三か条が大永六年（一五二六）の「今川仮名《かな》目録」を法源としている。いっぽう、追加部分に両法典を法源とする条文は一つもない。「御成敗式目」が武家の基本法として、中世〜近世の法定立者を規定し続けたことは、すでに多くの指摘がある。信玄がとくに「仮名目録」を参照した理由としては、分国が境を接することのほかに、今川義元《よしもと》が信玄の姉婿であり父信《のぶ》虎《とら》の追放にも荷担していたことや、天文十四年に義元・信玄間に同盟が結ばれたことがあげられる。

さらに、第一条に「在家《ざいけ》幷《なら》びに妻子・資財の事は、定法の如く職《しき》に之を渡すべし」、第四十八条に「相当の質物《しちもつ》の儀は、定めの如く、若し過分の質物、少分を以て之を取らば……」とあって、分国内の慣習法を踏まえていることがわかる。また、追加部分には「借銭法度」十か条と「棟別《むなべち》法度」六か条という単行法令が、まるごととりこまれた形跡がある。

「法度」が「生ける法」だったことから、全条文を横ならびに論ずるような方法は問題が多い。たとえば、通説では適用対象をひとしなみに家臣、地頭、寄親《よりおや》(寄子を統率する上級家臣)クラスなどと解し、郷民一般は対象外とする。しかし、とくに追加部分についてはキメ細かい検討を要しよう。

たとえば、「棟別法度」冒頭の第三十二条に「既に日記を以て其の郷中へ相渡すの上は、あるいは逐電、あるいは死去為《た》りと雖も、其の郷中に於て速かに弁償致すべし」とある郷中は、棟別役の負担者であり領主層に限定されない。第五十八条の「妻子を持つ出家《しゅっけ》」や第五十二条の「禰宜《ねぎ》・山伏《やまぶし》等」も領主層以外が中心だろう。第四十九条の「負物《ふもつ》の分年期を定め、田畠を渡し、又は土貢の分量を書き加へ、沽却せしめんと欲すれば、売人幷《なら》びに買人、其の地頭・主人へ相届くべし」にいたっては、明らかに地頭・主人のもとにいる百姓層が対象である。

戦国検地と撰銭令

戦国大名が領内の土地を把握する決め手となったのが検地《けんち》である。大名はあらたに支配下に収めた征服地や、係争の対象となっている土地に検地を実施し、把握された面積に応じて賦課量を定めたり、それを家臣に給与することで主従関係を築く手段としたりした。しかし領国全体に一律に検地を施せたわけではなく、とくにもと傍輩《ほうばい》であった国人《こくじん》領に検地の竿《さお》を入れることは、ほとんどできていない。

また大名は、検地で丈量した耕地面積に対する賦課量を、銭の単位である貫文で表示し——その基準値は北条氏のばあい田なら反別《たんべつ》五百文、畠なら反別百六十五文であった——、現実には多様な差異をふくむ領国内の土地を単一の基準で掌握するシステムを創出した。これを貫高《かんだか》制という。貫高制は、百姓・郷村から年貢・諸役を収取する基準となり、給人に軍役を賦課する基準ともなった。近世国家の石高《こくだか》制の先駆といえる。

　貫高制の定着は、社会における交換や取引の圧倒的部分が銭貨を媒介とするようになった社会状況を反映している。しかし中世の諸権力がみずから貨幣を発行することはなく、その供給は中国王朝の発行した銅銭の輸入に頼っていた。銅銭には一枚一文という価額が定められていたが、卑金属の銅をおもな素材とする銅銭の交換価値は、金銀貨のように素材自体によるのではなく、発行主体である中国王朝による信用保証に依存していた。

　ところが、十五世紀に中国で租税をすべて銀納とする「一条鞭法《いちじょうべんぽう》」がしだいに普及し、基準通貨が銭から銀へ移行し始めると、銅銭は国家による信用保証を失って、市場で個別に価値評価されるようになる。すると、おなじ一枚の銅銭でも、大きさ、磨滅や破損の程度、銭文《せんぶん》の有無と種類、私鋳銭《しちゅうせん》かいなかなどによって、評価されない銭種が受取を拒否される事態が生じる。中国でも日本でも北宋代に大量に鋳造された古銭が精銭《せいせん》とされ、それ以外は受け取らない傾向

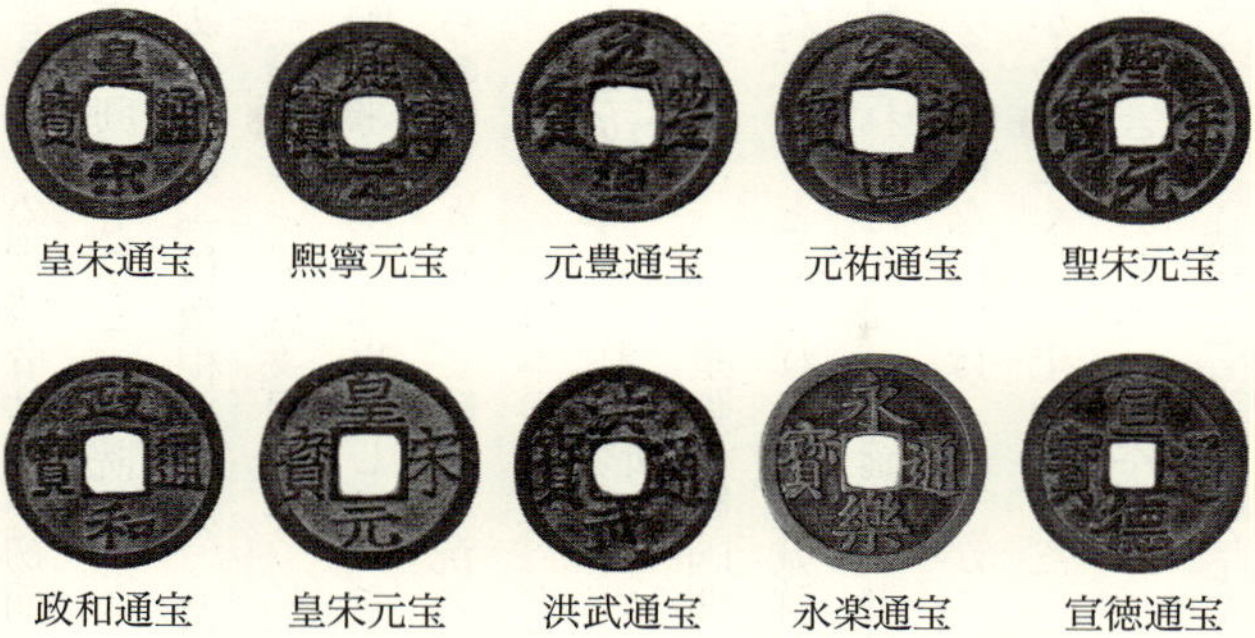

図1-7　さまざまな銅銭（日本銀行貨幣博物館所蔵）
日本の中世では北宋銭を中心にさまざまな時代の中国銭が流通していた．

があった。これが「撰銭《えりぜに》」である。明では「挑揀《ちょうかん》」とよばれ、その初見である一四六〇年の禁令のなかに、明朝の鋳造した洪武《こうぶ》・永楽《えいらく》・宣徳《せんとく》銭が忌避されている状況が見える（『皇明条法事類纂』巻十三）（図1-7）。

　貿易を媒介に中国の貨幣流通システムの一翼をなしていた日本の経済社会でも、撰銭は経済混乱の元凶と意識され、文明十七年（一四八五）には中国銭のおもな輸入元だった大内氏が、最初の撰銭令を出した。そこでは、永楽・宣徳銭を段《たん》（反）銭《せん》納入には二割、貸付・売買には三割混ぜて用いよ、堺銭（日本製の私鋳銭）・洪武銭・打ち平《ひら》め（叩き延ばした銭）の三種は受取拒否が許される、と定めている（「大内氏掟書《おきてがき》」）。しかし私鋳銭は増えるいっぽうで、とくに中国製の私鋳銭は、十六世紀なかばに倭寇によって大量にもちこまれ、量的にも精銭を凌駕する勢いだった。

そのため撰銭令は江戸初期にかけて、幕府、浅井《あざい》・北条・武田・織田などの戦国大名、東福寺・興福寺などの寺院からくりかえし出された。それでも天正九年（一五八一）の北条氏段銭納法定書《さだめがき》に「員数相当次第、黄金・永楽・絹布類・麻・漆等、有合《ありあい》候物を以可納之《これをおさむべし》」とある（「陶山静彦氏所蔵文書」）ように、銭を基準通貨とすること自体が維持できない状況となり、全国的に米が基準通貨として大きく復活したり、北条領国で政策的に永楽銭の「超精銭化」がはかられたりという、経済状況の激変が生じた。

社会の軍事化と「城」

日本の中世、とくにその末期は城で溢れかえっていた。平地や台地に水堀をめぐらす方形プランの「館《たて》」は中世を通じて存在するが、山地に造成された「山城《やまじろ》」は室町・戦国期に急増する。相当な標高差のある急峻な山であっても、よくこんな所に、とあきれるほど城跡が残る。里から遠からぬ山で山城の遺構を留めない所は少ないと思われるほどで、正確な統計はないが全国で数万か所にも達するという。

一般的な山城は「城」から連想されがちな天守《てんしゅ》も石垣も水堀もない。探査しても山と見わけがつきにくい「土の城」だ。自然地形を階段状に削平して周囲に土塁をめぐらした郭《くるわ》、郭と郭をくぐりあるいは城全体をとりまく堀（竪堀《たてぼり》が多い）、随所に障壁を設けた城内の通路（堀をまたぐ土橋《どばし》や木橋をともなう）などが、遺跡のおもな要素である（図1-8）。郭内の建物はほとんど掘《ほっ》立《たて》柱で礎石はなく、中世の姿をそのまま留める遺存例はない。

近年の考古学の成果によると、中世の村落址は十五世紀なかばで消えるものが多く、戦国期になると城跡の近くで多く確認できるという。地域を問わず戦乱が絶えない時代状況のなかで、村人たちは領主層による人や物の略奪、生産破壊にさらされつつも、最後の命綱として城に頼った。戦国時代の関東では、城主の実力に見あわないほど巨大な外郭群をもつ城が少なくないが、その役割は戦乱を避ける領民を収容することと考えられる。そんな郭が城下《じょうか》の

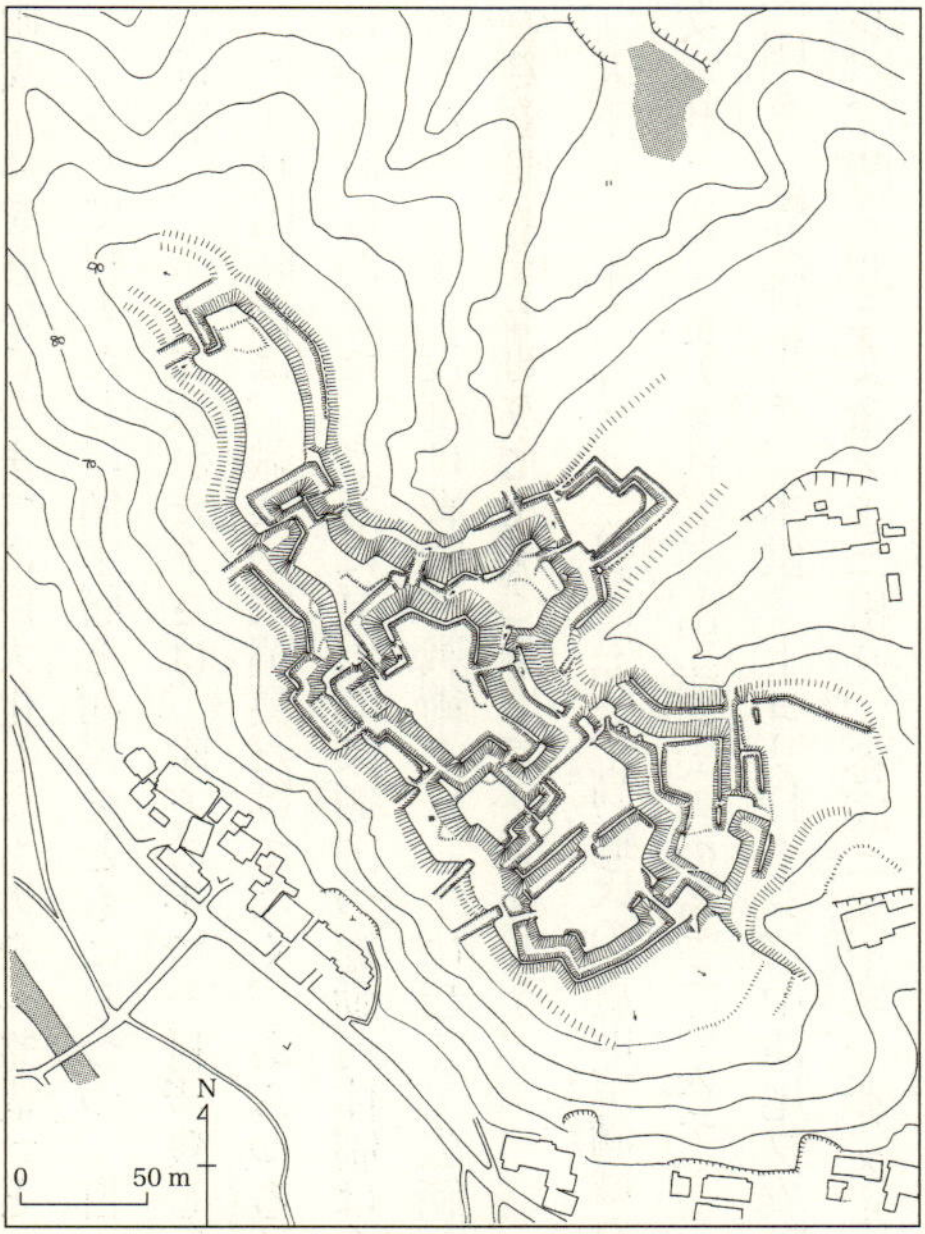

図 1-8　杉山城縄張図(松岡進氏作成)
埼玉県比企郡嵐山町杉山所在．複雑な縄張(プラン)で知られるが，最近発掘調査で室町時代に遡るという見解が示され，議論になっている．

町場《まちば》全体を囲いこむまでに巨大化したものを「惣構《そうがまえ》」といった。

　こうして村人たちは領主層と利害をともにしつつ、自立的な地域の担い手となっていく。だが同時に、戦争に敗れたときは、敵方の手で一村皆殺しになる運命も覚悟しなければならなかった。戦国時代は、職業的戦闘員だけでなく、あらゆる社会層が男女の別なく戦争と無関係ではいられなかった。さきに見た北条領国の総動員体制はその最終的な姿だ。社会全体の軍事化のなかで、城の役割は戦闘や戦術をはるかに超えて広範かつ中軸的なものになっていった。その姿を戦国最末期の北九州に即して見てみよう。

　天正十三年（一五八五）筑紫《つくし》広門《ひろかど》が高橋《たかはし》氏の筑前宝満《ほうまん》城を攻めたさい、高橋方は「四五十人ノ女童《めわらわ》共ニ鎗・長刀《なぎなた》ヲ持《もた》セ、中津尾（郭の名）ニ込入《こみいれ》テ、二方ノ口ヲゾ堅メケル」。これを見て「四方ノ敵共寄集《よりあつまっ》テ、本堂ノ上ヨリ打下《うちおろ》シ、中津尾ヲ攻破ラント進ミケルガ、一騎打ノ難所ナレバ、時ノ間ニ女童ノ手ニ掛リ、谷底ニ落重《おちかさなり》テ、死スル者百人ニ余レリ」（『筑後将士軍談』巻十六）。状況次第で女・子供でも相当な戦力となったことがわかる。翌年その広門の肥前勝尾《かつのお》城を島津軍が攻めたさいには、「筑紫表《おもて》之儀、兼日《けんじつ》敵方へ相知《あいしれ》候哉《や》、里村悉《ことごとく》繰上《くりあがり》、居城へ閉《とじ》籠《こもり》候間、彼館を責させられ候ずる外《ほか》ハ、別之行無之《てだてこれなき》之由御註進候」というようすだった（『上《うわ》井《い》覚兼《かくけん》日記』）。敵襲の情報に接した勝尾城下の里村の人びとは、こぞって城山を上り筑紫氏の居館にとじこもったのである。

山城の近辺には、急峻な尾根筋や山腹などを加工した簡易かつ小規模な城砦も多く見いだされる。文献に「小屋」「山小屋」「山之嶺々」などと見えるもので、領主が有事に領民を収容するために使われることがあった。元亀《げんき》三年(一五七二)の武田氏の軍令に、「或いは疑心の輩《ともがら》、或いは親類広き族計《やからばかり》」の妻子を人質に取り、「其の外の地下人には、厳重に誓詞《せいし》申し付けられ、逆心を企つべからざるの旨、相定められ、然れども山小屋に入れ、或いは敵退散の砌《みぎり》か、或いは(敵の)通路をさいぎる(遮)べき時節、召し出し挊《かせぎ》(軍役)申し付けらるべき事」とある(「古沢正臣氏所蔵文書」)。敵の攻撃からの保護と、逆心を企てかねない者どもの拘束と。二重の目的をもつ山小屋収容だった。

簡易かつ小規模な城のなかには、村人が自己防衛のために築いたものもあった。村内の要所に堀を掘ってとじこもるという、村自体の要害化のほかに、妻子・財宝を山野に隠し置く方法があり、このばあいもそれなりの構築物が築かれていた可能性が高い。

「地域国家」と大名間外交

戦国大名の統治領域は、「日本国」との対比では「分国《ぶんこく》」とよばれるが、大名や家中《かちゅう》自身はしばしば「国家」の語を用いている。この国家とは、多くの用例では、永禄十年(一五六七)の「六角氏式目」に付属する家臣起請文《きしょうもん》に「諸篇御国・御家の為《ため》」とあるように、「国」（支配の客体たる空間）と「家」（主君を戴く家臣団の結集体）とをあわせた語だ。これに対して、天正五年（一五七七）の武田家朱印状に「当家御武運長久、国家安泰之御祈念」とある（「旧駿府《すんぷ》浅間《せんげん》神社社家大井家文書」）ばあいは、大名家から区別された統治領域という意味に特化している。

この国家は、将軍や天皇のもとにゆるやかに統合されながらも、領内統治においては上位者の掣肘《せいちゅう》をなんら受けない自立性をもち、大名当主は、ポルトガル人が諸大名をそうよんだように、「国王 rei」の呼称がふさわしい存在だった。国内史料でも、永禄十二年（一五六九）武田信玄によって駿河を追われた今川氏真《うじざね》をかくまった北条氏政《うじまさ》は、「駿国の儀、氏真、縁者の筋目を以て、名跡国王に相渡され候」といっている（「垪和《はなわ》氏古文書」）。この「国王」は氏政の嫡子でこのとき氏真の猶子《ゆうし》となった氏直《うじなお》をさす。

この国家および国王が、自己完結的な発給文書体系と国法・法度をもち、独自の土地丈量＝検地によって年貢収納と知行制度を実現し、有事には領内の全住民を動員しうる名分《めいぶん》（「大途」の語で表現される）と体制を備えていたことは、すでに述べた。これを、中近世ドイツの「領邦国家」になぞらえて「地域国家」とよぶことができよう。

以上のようにとらえたとき、大名間の通信や交渉や戦争は地域国家間の「外交」として把握しうる。東国の大名間では、天文十四年（一五四五）に今川義元と北条氏康《うじやす》が武田信玄の仲立ちで和議を結び、係争地の河東《かとう》（駿河東部）を今川にひき渡すことで合意して以来、同盟とその破約がくりかえされた。永禄十一年（一五六八）信玄の駿河侵攻の結果、謙信が小田原を攻囲するなど対立関係にあった上杉・北条間で「越相《えつそう》同盟」が成立したこと、翌年今川氏を滅ぼした信玄が北条・徳川《とくがわ》に挟撃されるのを避けて北条氏と「甲相《こうそう》同盟」を結んだことは、その顕著な事例である。こうした合従連衡《がっしょうれんこう》は、「国分《くにわけ》」「国切《くにぎり》（限）」とよばれた領土画定や共通の敵の領土山分けをともない、天文二十三年（一五五四）までに義元の娘が信玄の子義信に嫁ぎ、信玄の娘が氏康の子氏政に嫁ぎ、氏康の娘が義元の子氏真に嫁いだ、というような、婚姻関係による結束がはかられることが多かった。

地域国家が分立するなかで、大名間の通信は重要度をますいっぽう、情勢しだいでは多大な時間と困難を要したので、返事をまたずつぎの通信を送ることもしばしばだった。そのため戦国期には書状が急増する。書状の運び手を選ぶことも重要で、人跡まれな山岳地帯を敏速に移動できる山伏が重宝された。

また、山伏はどの国家にも属さないことがメッセンジャーとして好適な理由の一つだったが、おそらくおなじ理由で、関東でも「唐人《とうじん》」が使われた事例がある。弘治元年（一五五五）、北条氏康と陸奥の白川晴綱《しらかわはるつな》との書状のやりとりを、小田原を基地に活動していたらしい唐人が担い、双方をとりもった相模玉縄《たまなわ》の北条綱成《つなしげ》と下総《しもうさ》結城《ゆうき》の結城政勝《まさかつ》のところにも立ちよっている(「白川文書」)。天正二年(一五七四)出羽《でわ》米沢《よねざわ》の伊達《だて》輝宗《てるむね》は、常陸《ひたち》の佐竹《さたけ》義重《よししげ》のところから来た唐人と会って双六《すごろく》を打っている。佐竹領には永禄五年(一五六二)・元亀二年(一五七一)にも唐人の姿が見られた。

3　琉球王国の盛衰

東アジア国際社会と琉球

琉球は一三六八年の明の建国後いち早く冊封体制に参入した。最初、沖縄本島に分立した中山《ちゅうざん》・山北《さんぽく》・山南《さんなん》の三つの小王国がそれぞれ明の冊封を受けたが、一四二〇年代にいたって中山出身の尚巴志《しょうはし》が山南・山北を併合し、第一尚氏王朝を樹立した(図1-9)。

琉球は、海禁政策で自国商人の国外活動を封じてしまった明によって、海外とりわけ東南アジアの産物を入手する窓口に位置づけられた。琉球は、朝貢の見返りとして明から賜わった中国の産物を東南アジア諸国にもたらし、代価として受け取った東南アジアの産物を明に朝貢品として献げた。その交易ルートは、西方の明と西南方の東南アジアはもちろん、東北方の日本や朝鮮、南方のフィリピン群島にも延びていた。琉球はこれらの地域を包みこむ〈海洋アジア〉の中心として、「大交易時代」の繁栄を謳歌した。

明はこの物流システムを維持するために、琉球に手厚い助成措置をほどこした。他国より抜群に多い朝貢回数を認める、指定された港以外に入港しても受け入れる、朝貢貿易用の海船を与える、琉球人の子弟を国立大学である国《こく》子《し》監《かん》に受け入れる、などがおもな内容で、これに応えて琉球は物流を国営事業として営んだ。琉球士族の「家譜」には、各世代の事蹟のなかに、官歴にまじって唐(中国)や真南蛮《まなばん》(東南アジア諸国)への渡航歴が記されている。

図1-9　琉球三山とグスク

助成策の一つに、中国人（主として福建《ふっけん》人）を送りこんで外交・貿易のノウハウを提供することがあった。「明の初代洪武帝によって琉球に賜与された」という出自伝承を共有し、「閩《びん》（福建の異称）人三十六姓」とよばれたかれらは、対外貿易港那覇《なは》の一角を占める居留地「久米村《くめむら》」に集住し、外交・貿易の実務を担った。久米村に保管された外交文書の控えを集成した書『歴《れき》代宝案《だいほうあん》』は、大交易時代の交易システムを語る史料であるとともに、中国式公文書の姿を原形に近いかたちで留める点でも貴重である。

いっぽう日本（ヤマト）と琉球の関係は、『歴代宝案』からはいっさいうかがえない。十五世紀前半までは琉球船がいくどか畿内にいたり、室町幕府と外交・貿易を行なったが、そのさいに交わされた文書は、日本国内で将軍と家臣がやりとりした文書様式に準ずる日本式私文書だった。日琉関係は、冊封体制の磁場から離れた空間において、私的な親密さで覆われた独自の世界をかたちづくっていた。

十六世紀はじめにポルトガルがマラッカに設営した商館に、トメ・ピレスというポルトガル人が滞在していた。かれの著書『東方諸国記』によれば、マラッカではおびただしい地域から来た商人たちによって、八十四種類もの言語が話されていたという。そのなかに琉球人や中国人がいて、ピレスはかれらを通して日本のことを知った。その記述は短いが、ポルトガル人の残した最古の日本記録である。

すべてのシナ人の言うことによると、ジャンポン（日本）島はレキオ（琉球）人の島々よりも大きく、国王はより強力で偉大である。そこは商品にも自然の産物にも恵まれていない。国王は異教徒で、シナの国王の臣下である。彼らがシナと取引することはまれであるが、それは遠く離れていることと、彼らがジュンコ（ジャンク）を持たず、また海洋国民でないからである。レキオ人は、七、八日でジャンポンに赴き、上記の商品（胡椒《こしょう》以下の香辛料、象牙《ぞうげ》、錫《すず》、蘇木《そぼく》以下の木材、インド産毛織物などを指す）を携えて行く。そして黄金や銅と交換する。レキオ人のところから来るもの（金箔《きんぱく》を置いた函、精巧な扇、刀剣以下の多種多量の武器を指す）は、みなレキオ人がジャンポンから携えて来るものである。レキオ人はジャンポンの人びとと漁網やその他の商品で取引する。

ヨーロッパ人は最初琉球を通じて日本のことを知ったので、その日本情報は琉球との関係にかたよっていた。そこに〈海洋アジア〉の中心としての琉球の残影が見てとれる。日本国王が「シナの国王」つまり明皇帝の臣下であるとか、中国式の外洋帆船ジャンクをもたず海洋国民ではないとか、貴金属や銅など一次産品の輸出国であるとか、外部者ならではの日本認識も注目にあたいする。

図1－10　万国津梁の鐘
（1458年，沖縄県立博物館・美術館所蔵）
銘文は禅僧渓隠安潜《けいいんあんせん》の撰，鐘は北九州出身の鋳物師藤原国善の作.

尚真王の時代

十五世紀も後半になると、頼みの明が財政負担の大きさから対外貿易に消極的になり、琉球への優遇もしだいに冷めていった。これは日本の勘合船への態度と共通するところがある。大交易時代のピークは一四六九年までの第一尚氏王朝にあった。もと首里《しゅり》城の正殿に懸けられ、銘文中で「舟《しゅう》楫《しゅう》を以て万国の津梁《しんりょう》と為す」と謳い上げる「万国津梁の鐘」は、一四五八年に造られている（図1－10）。これに対して、金丸《かなまる》が武力で王位を奪って建てた第二尚氏王朝のはじめ、一四七四年には、福州で起きた琉球使による殺人・放火事件を理由に、朝貢回数を一年一回から二年一回に減らされてしまった。

　このように大交易時代の繁栄には影がさし始めていたが、国内統治や版図《はんと》拡大の面では、一四七七年から半世紀にもおよんだ尚真《しょうしん》王の治世が、琉球王国の盛時だった。王国の中心首里城は、一四五〇年代の内乱で荒廃していたのを整備・拡張して、ほぼ現在のプランが完成した。沖縄本島内の要衝にはグスクとよばれる城が配置され、有力按司《あじ》（在地領主）や王子が城主となった。首里と本島各地を結んで石畳の官道網が造られ、渡河地点には石造のアーチ橋が架けられた。王の臣下となった地方有力者層は、名字の地をはなれて首里に集住させられた。石造の城・道・橋といい、支配層の城下集住といい、同時代のヤマトには見られない現象で、中国の影響を多分に受けている。

図1-11　曲線を描く座喜味城の城壁（熊谷武二氏撮影）
同時代のヤマトの城とはまったく異なる．
沖縄県中頭《なかがみ》郡読谷村《よみたんそん》所在．

　版図を見ると、奄美《あまみ》群島方面への進出は十五世紀なかばには始まっており、南九州の勢力とぶつかりながら、吐噶喇《とから》列島の臥蛇《がじゃ》島あたりを境界として、その南西側を確保した。王権の政治支配の深度は、王が官職や土地の給与にあたって発給する「辞令書《じれいしょ》」の残存状況で測ることができるが、奄美群島地域には沖縄本島地域とほぼ同等の通数と年代幅で残存している。逆方向の宮古《みやこ》・八重山《やえやま》は一五〇〇年前後に軍事力で併合した。しかし辞令書は宮古島に一通残っているだけで、行政的に掌握するにはいたらず、王が島々の首長層からの朝貢を受けるに留まっていた。ともあれこれで王国は台湾の隣の与那国《よなぐに》島までという最大版図を達成した。

琉球の文化は、グスクの城壁(図1-11)、亀甲墓《かめこうばか》、石敢当《いしがんとう》などに中国、とりわけ福建《ふっけん》地方との共通性や道教的色彩が濃厚に認められる。しかし言語はあきらかにヤマト系であり、首里の禅寺は京都五山と人事交流があった。さらに高床《たかゆか》式建物など東南アジア的様相もあり、御嶽《ウタキ》信仰などのアニミズム的要素も色こい。要するに異要素混合《ハイブリッド》の特徴がいちじるしい。

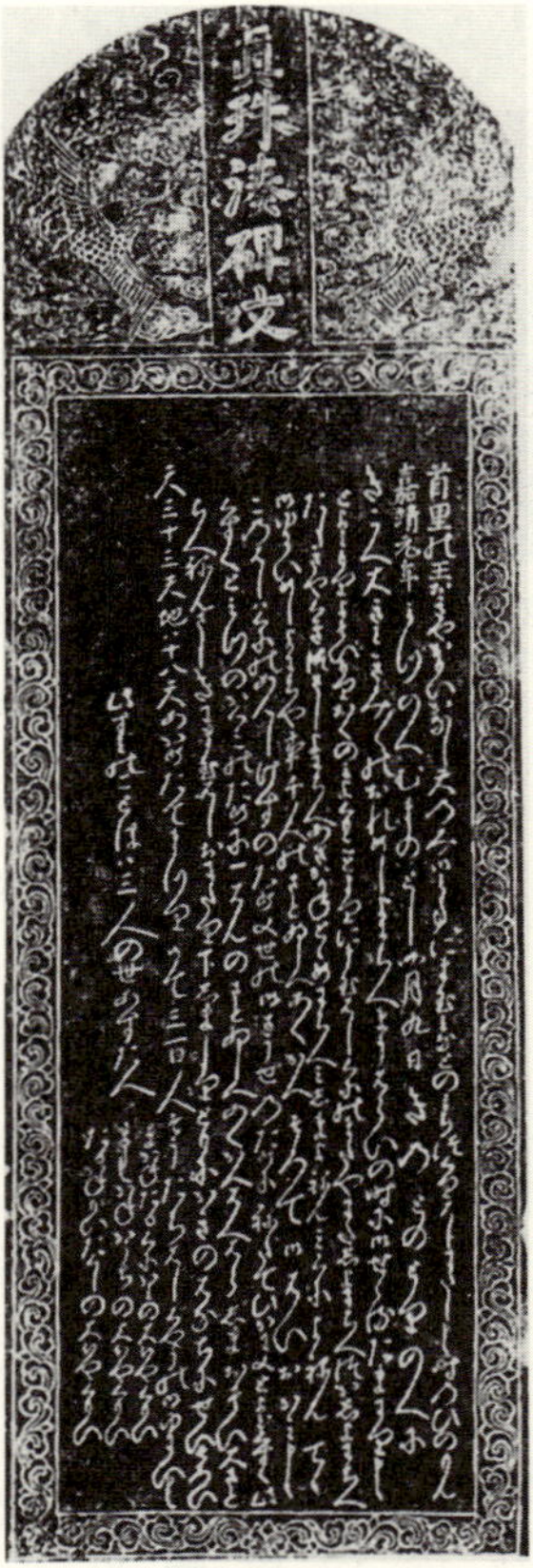

図1-12　真珠湊《まだまみなと》碑文(沖縄県立博物館・美術館所蔵)
尚真王代末期の1522年，首里城域から南へ出る石門の西側に，東側の「国王頌徳碑」と対で建てられた．首里城と那覇港を結ぶ軍用道路と橋の落成記念碑．現存しないが鮮明な拓本が残されている．

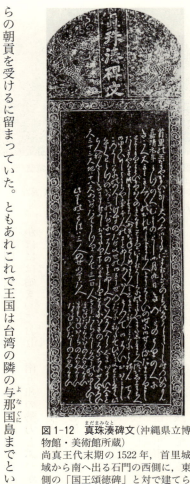

たとえば平かなが公用文字だったこと。ヤマトでは前近代を通じて公用文字は漢字で、平かなは私的ないし女性の領域の文字とされ、公文書はすべて漢字表記だ。ところが琉球では、国家支配の根幹をなす辞令書が平かな中心の表記で、ほかに国家事業として集成された歌謡集『おもろさうし』も平かな表記の琉球語で書かれている。石碑に刻まれた碑文は、同時代のヤマトにはほとんど見られず、中国色濃厚な文化といえるが、そのかなりの部分が平かな表記または漢字・平かな並記で、平かな碑文にのみ儀式の中核をなすミセゼル(神の言葉)という歌が入っている(図1-12)。

〈海洋アジア〉の解体

国際社会における琉球の高い地位を支えていた〈海洋アジア〉での優位は、中継貿易におけるあいつぐ競争者の出現でゆらぎ始める。

競争者の第一は倭人勢力である。一三八九年に始まる琉球の朝鮮通交も、十五世紀なかばには「琉球国、島倭の隔つる所となり、自ら我が国に通ずるを得ず、およそ献ずる所あらば、倭に因りて進む」という間接的なかたちに変わる(『朝鮮世祖実録』)。環シナ海地域の東北方、九州・朝鮮半島・本州方面では、かなり早くからかれらが琉球を締め出してしまっていた。やがて十五世紀後半、倭人勢力は琉球国王使をかたって朝鮮通交に有利な立場を確保しようとするにいたる。

第二は、海禁体制のゆるみから、非合法をもかえりみず東南アジア方面へ進出を果たした中国人密貿易商である。かれらの活動は琉球の中継貿易の基盤を掘りくずしただけでなく、その一部は海賊化して、海上の治安悪化という面から、倭寇とならんで琉球への脅威となった。

第三は、ポルトガルのアジア進出である。一五一一年のマラッカ王国滅亡は、琉球にとって南海貿易の重要拠点を失うことを意味した。当初はマルク諸島の香辛料をめあてに東南アジア海域にいたったポルトガル商人だったが、マラッカ制圧後は、東北方の中国の産物――生《き》糸《いと》や絹織物、陶磁器など――の獲得をねらって、活動を広げていった。さらに一五四〇年、ポルトガル商人は、倭寇が開拓した密貿易ルートをたどって中国の浙江《せっこう》沿海部に到達した。そこでかれらが「発見」したのが、銀をふんだんに産出する日本だった。

これら琉球への対抗者たちは、対立しつつもたがいに連繫をとり、東南アジアと中国・日本とを直接に結ぶルートを開発した。琉球の南海交易は後退をかさね、ついに一五七〇年のシャム通交を最後に、琉球船が東南アジアにあらわれることはなかった。こうなると、琉球にとって、ヤマトとの交易の占める地位が、相対的に上昇せざるをえない。このような流れを見のがさず、地の利を生かしてヤマト・琉球間の往来に独占的地位を築きあげていったのが、薩摩の島津氏である。

この激変は〈海洋アジア〉を根底から解体させた。その中心に位置することでなりたっていた琉球の地位も、とうぜんながら没落を余儀なくされる。十七世紀になってから東アジアに進出してきたイギリスやオランダは、十六世紀のポルトガルとはちがって、琉球に水や薪炭《しんたん》の補給基地以上の意義を見いださなかった。〈海洋アジア〉の解体と道づれに、古琉球も終焉のときを迎えたのだ。

琉球中心の国際秩序

従来の研究では、十五世紀中から琉球は段階的に島津氏への従属を深め、一六〇九年の征服戦争にいたると見られていた。しかし、永正五年（一五〇八）島津家当主忠治《ただはる》から尚真王に宛てた外交文書は、島津領を「下国《げこく》」、首里を「京師《けいし》」とよび、王への忠誠心を陽ざしを追いかけるヒマワリにたとえ、琉球を「四海帰する所」ともちあげる、といった表現に満ちている。また琉球国王は、一五二一年には種子島《たねがしま》氏、一五二八年には島津氏庶流豊州《ほうしゅう》家、一五四二年には肥後の相良《さがら》氏を、臣下として扱い、相手もそれを受け入れていた。ここに、琉球中心の国際秩序が形成されつつある姿を見てとることができる。

一五四五〜五〇年ころにポルトガルの無名地図作家が作った「世界図」を見ると、中国の東方海上に逆L字形にゆるやかに折れ曲がった列島が描かれ、西端の大きい島にlequio menor（小琉球）、屈曲部の大きい島にlequio major（大琉球）、その北の大きい島にIapam（日本）と記入

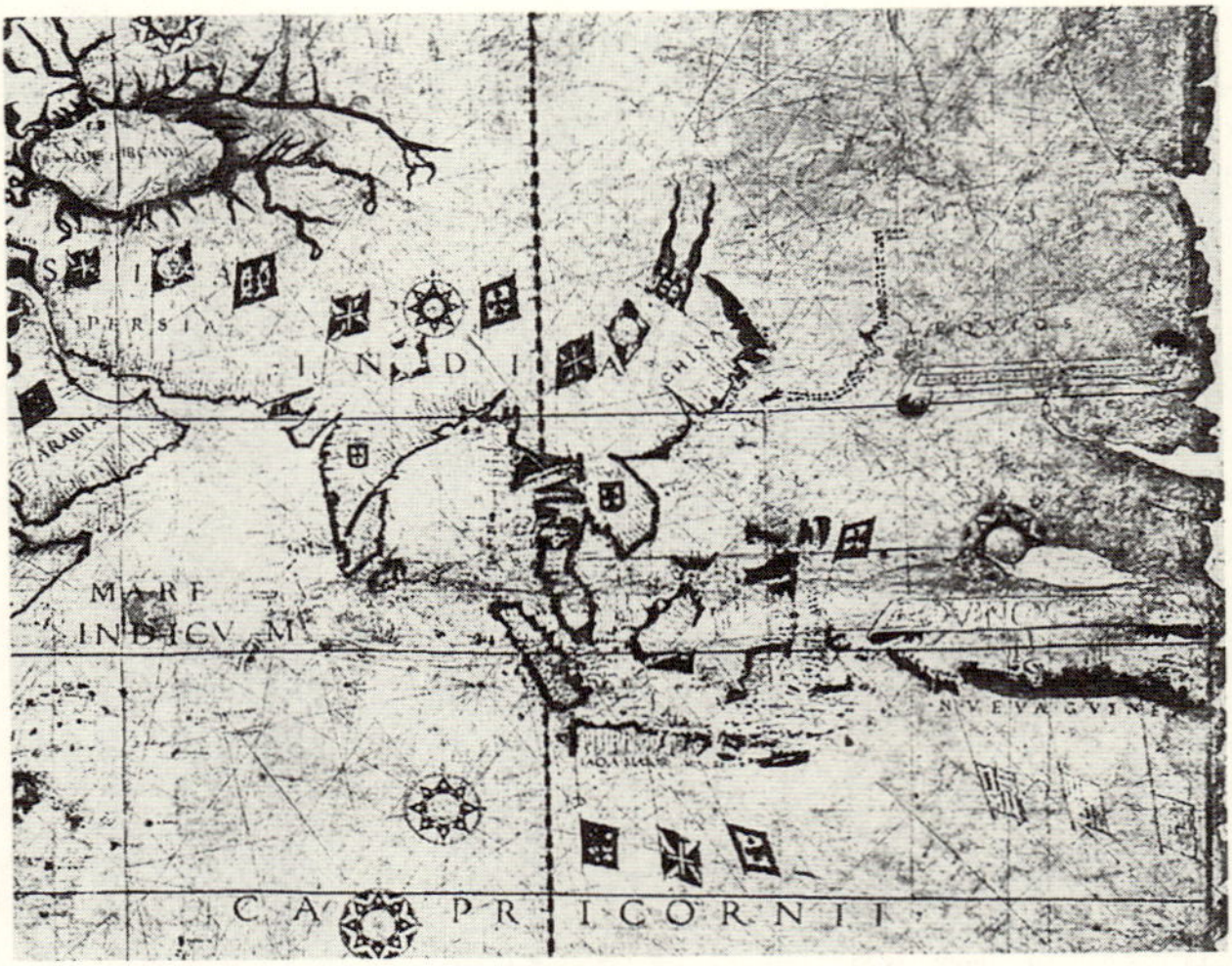

図1-13　無名ポルトガル製「世界図」(1545〜1550年ころ，ローマ・ヴァリチェリアーナ図書館所蔵)

されている。大きい島以外はほぼ二列に小さい島がつながり、その北端にIlhas de Miacoo（都群島）とある。そして列島全体の東方海中にLEQVIOS（琉球）と記され、その文字はARABIA、PERSIA、CHINA等とおなじサイズの大文字である（図1-13）。

当時のヨーロッパ人の認識では、琉球とは中国やアラビアと肩をならべる大地域の名称であり、その一部として日本および都群島があったことになる。しかもその日本は、独自のまとまりをもつ地域とは認識されていない。琉球と日本の同様の関係は、一五五四年にローポ・オーメンが作った「世界図」（フィレンツェ、科学史博物館所蔵）や、五八年にローポの息子ディオゴが作った「アジア図」（ロンドン、大英博物館所蔵）にも見られ、とくに後者ではユーラシア大陸の一部にまで琉球が広がっていた。

こうした琉球の存在感の大きさは、ヨーロッパ人が東南アジアで日本人よりはるかに早く琉球人と接触していたことも大きいが、南九州を影響下に収めていたという現実の反映という面もあるのではないか。

このころ、〈海洋アジア〉の中心という地位を支えていた諸条件が、前述のようにつぎつぎと失われていくなかで、琉球は九州方面との関係に依存する度あいが大きくなっていた。この条件を活かして島津氏がただちに琉球を従属化させられなかった一つの理由は、当時の琉球が第二尚氏王朝の盛期である尚真・尚清《しょうせい》の治世にあたり、国内のインフラ整備や版図の拡大など、国力が充実していたことがあげられる。

もう一つの理由は島津領国の内部にあった。「薩隅日《さつぐうにち》三国太守」という虚名とはうらはらに、当時の島津本宗《ほんそう》家である奥州《おうしゅう》家は、薩州《さつしゅう》家・相州《そうしゅう》家・豊州家・伊作《いざく》家などの有力庶家に圧倒され、跡目争いが絶えなかった。そのなかから伊作家出身の忠良《ただよし》が擡頭し、まず相州家を嗣いだうえで、子息の貴久《たかひさ》を奥州家の勝久《かつひさ》（早世した忠治・忠隆《ただたか》の弟）の跡取りとする、という経緯で本宗家をのっとった。その間領国内には、伊集院《いじゅういん》・北郷《ほんごう》など有力一門や伊東《いとう》・肝付《きもつき》・禰寝《ねじめ》・種子島・入来《いりき》院《いん》などの国人がひしめいて、相互に、あるいは島津諸家との間で、あるいは豊後の大友など外部勢力との間で、複雑な合従連衡をくりひろげていた。こうした諸勢力が、権力が一本化していた琉球国王との間で主従関係を結ぶ条件はそろっていた。

しかしその後の島津氏は、貴久とその子義久《よしひさ》の代に領国支配を軌道に乗せ、一五七〇年代に南九州の統一をなしとげ、その勢いを駆って大友氏や龍造寺《りゅうぞうじ》氏を撃破し、九州全体の覇者へとかけあがっていく。そのなかで、琉球が南九州諸勢力を従えたという過去は、歴史の闇に埋もれ、島津氏への従属という結果のみが記憶されていった。

島津への従属化

琉球・薩摩の往復外交文書の様式を見ると、琉球国王―島津氏当主、琉球国三司《さんし》官《かん》―鹿児島奉行が敵礼《てきれい》（外交儀礼上同等）の関係にある。これは十六世紀初頭から一六〇九年の琉球侵入までほとんど変わらない。島津家の代替わりにさいして琉球が薩摩へ送った「あや船」についても、薩摩は朝貢船のニュアンスで受けとめていたが、客観的には交隣関係を前提としていた。

だがタテマエから実体に眼を移すと、時のくだるほど琉球の従属の色あいが濃くなってくる。薩摩は、「御当家（島津家）によしありて、琉球の口を上意（室町殿）より御給《おたまい》の処に候」と称して（『上井覚兼日記』）、ヤマト―琉球間を往来する船への統制権を独占しようとした。南海貿易の途絶後まもない一五七五年、「あや船」の渡航をめぐって琉薩間にトラブルが起こり、以後琉球は、連年のように使者を送ること、書簡の文面や進上品の内容を前より丁重にすること、を余儀なくされる。

　天正十五年（一五八七）、島津氏が九州統一を目前に豊臣秀吉《とよとみひでよし》の軍門に降ると、翌年から豊臣政権は島津氏を介して琉球に服属の意思表示を求めるとともに、日明貿易復活のなかだちをさせようとした。秀吉は、全国統一を慶賀する琉球使の到来を一方的に臣従のあかしと解し、琉球を島津氏の「与力《よりき》」として、琉球にも朝鮮侵略の兵を出させるよう島津氏に命じた。島津氏は秀吉から課せられた一万五千人の軍役の一部として、琉球に七千人分の兵糧《ひょうろう》十か月分と名護《なご》屋《や》城普《ふ》請《しん》費用の一部を負担するよう求めた。

　琉球はこうした要求に唯々諾々と従ったわけではないが、日本の国内統治の文脈では、琉球が島津氏の領分にくみこまれ、独立国としての意思をつらぬけなくなったことはいなめない。

　他方、王を頂点とする琉球の国家体制に変化はなく、国際関係における明の被冊封国という地位もそのままだった。一五九一年、琉球から福建にむかった朝貢使は、島津氏の警告を無視して秀吉の大陸征服計画を明側に通報している。

4　アイヌと和人

蝦夷《えぞ》史料として著名な十四世紀前半の『諏訪大明神絵詞《すわだいみようじんえことば》』に、「蝦夷が千《ち》島《しま》といへるは、我国《わがくに》の東北に当りて、大海の中央にあり、日《ひ》の本《もと》・唐子《からこ》・渡党《わたりとう》此三類、各三百三十三の島に群居せり、今一島は渡党に混《こん》ず」とある。ここに見える「三類」のうち、「日の本」はのちの道東～千島のアイヌ、「唐子」は道北～樺太のアイヌと考えられている。この「二類は、其地外《げ》国《こく》に連なりて、形体夜《や》叉《しゃ》の如く変化《へんげ》無窮なり、人倫《じんりん》、禽獣《きんじゅう》魚肉等を食として、五穀の農耕を知らず、九訳《きゅうやく》を重ぬとも語話を通じ難し」と、まったくの異類として描かれる。これに対して「渡党」は、「和国の人に相類《あいるい》せり、但し鬢髪《びんぱつ》多くして遍身《へんしん》に毛を生ぜり、言語俚野《りや》也《なり》と云《いう》とも大半は相通ず」「此の種類は多く奥州津軽《つがる》外の浜に往来交易す」というように、「和国」と異域をまたぐ境界人だった。

津軽安藤氏と「和人」

鎌倉幕府は十三世紀初頭より蝦夷島を流刑地として利用していた。津軽安藤《あんどう》氏は、北条氏の被官となって北方の統轄者として位置づけられ、流刑を執行するとともに、蝦夷地との交易で栄えた。この流刑者をはじめとする渡島者が、アイヌと混血することで、渡党集団が形成されていったと考えられる。

渡党より後代に本州から渡島し、多くは安藤氏の被官となった集団を「和人」とよぶ。和人とアイヌの関係について、旧来は闘争の面が強調され、アイヌ側の敗北で終わる悲史として語られがちだったが、じっさいはそんな単調なものではなく、アイヌ側が優勢に立つ局面もあったし、平時には双方が入り混じる様相が主だった。

嘉吉《かきつ》二年（一四四二）、安藤盛季《もりすえ》が南部《なんぶ》氏によって十三湊《とさみなと》から追われ、翌年松前《まつまえ》に渡った。安藤氏は勢力挽回をはかって津軽・下北《しもきた》にうちいったが、この間盛季の子康季《やすすえ》、その子義季《よしすえ》があいついで戦死して、嫡流が絶えてしまった。傍系から跡を継いだ政季《まさすえ》も、享徳《きょうとく》三年（一四五四）には下北から蝦夷地への退却を余儀なくされ、康正《こうしょう》二年（一四五六）、日本海を南下して出羽の小鹿島《おがしま》、ついで檜山《ひやま》に移る。その後も安藤氏は蝦夷地を手放したわけではなく、むしろ渡島《おしま》半島南岸の十二の和人館主たちを三つのグループに編成し、それぞれに「守護」を置いて間接支配の体制を固めた。

コシャマインの戦い

中世蝦夷地の主要な史料である『新羅《しんら》之記録』にこんな文章がある。

> 抑《そもそ》も往古は、此《この》国、上二十日程、下二十日程、松前以東は陬川《むかわ》、西は与依知《よいち》迄人間住する事、右大将頼朝《よりとも》卿進発して奥州の泰衡《やすひら》を追討し御《たま》ひし節、糠《ぬか》部《のぶ》・津軽より人多《おおく》此国に逃げ渡って居住す。

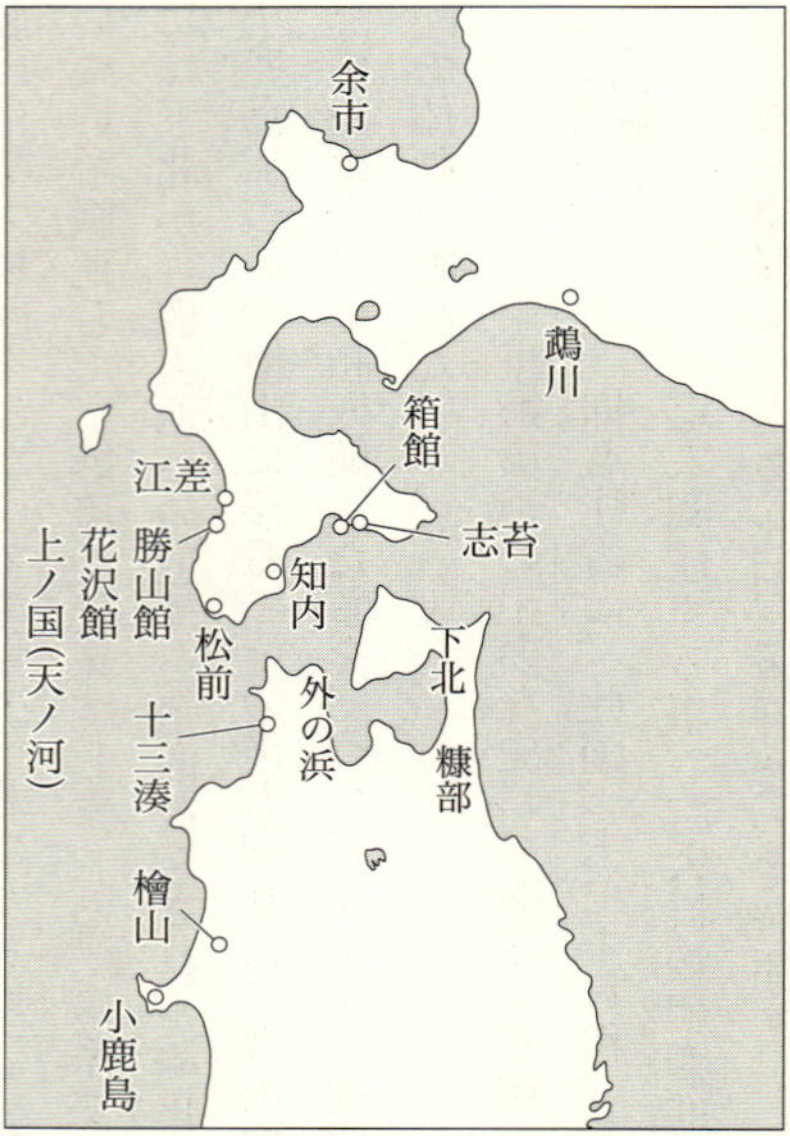

図1-14　15〜16世紀の北方世界

すなわち「往古」は、松前から東へ二十日の行程の胆振《いぶり》支庁鵡川《むかわ》、西へ二十日の行程の後志《しりべし》支庁余市《よいち》までは、「人間」すなわち和人が居住していた。その発祥は、奥州合戦で頼朝軍に敗れた糠部・津軽（いまの青森県にほぼ相当）の人が、北海道島に移住したことにあった……（図1-14）。これに従えば、和人の居住域は、十五世紀なかば以前には道南の全域におよんだことになり、とうぜんアイヌとの混住を想定しなくてはならない。

康正二年（一四五六）、志苔《しのり》の和人館に付属する鍛冶《かじ》屋村に、アイヌ少年が小刀《マキリ》を受け取りに来た。ところが刀のできぐあいと価格をめぐって争いとなり、鍛冶が少年をその刀で突き殺してしまった。この小事件がアイヌによる和人館襲撃へと燃え広がり、翌年には、「東部ノ酋《しゅう》長《ちょう》」コシャマインのもとに結集した東部アイヌが、志苔から西進して各館をつぎつぎと落とし、花沢館《はなざわ》を囲んだ。ここでコシャマインは、戦線の延びすぎを懸念して兵を箱館《はこだて》平野へ返した。花沢館主の蠣崎《かきざき》季繁《すえしげ》と「客将」武田信広《のぶひろ》は、これを追って東に進み、箱館平野の七重《ななえ》浜《はま》で信広がコシャマインを射殺し、アイヌ側は総くずれとなった。信広は季繁の養女（じつは安藤政季の娘）をめとって蠣崎の家を継いだ。

右の経過からつぎのようなことがわかる。

第一に、館が館主の住居かつ軍事要塞であるだけでなく、鉄をはじめとする物流の拠点であり鍛冶など生産の拠点でもあったこと。アイヌは館を通じて鉄製品などを本州方面から供給されていたため、取引において不利な立場を強いられていたと考えられる。南部氏など本州方面の勢力との軍事的緊張のもと、館主たちはアイヌとの交易で暴利をむさぼろうとし、これが大蜂起を誘発したのではないか。

第二に、この戦争は、アイヌ対和人の戦いであったと同時に、館主たちのなかで蠣崎氏がヘゲモニーを握ってゆく過程でもあったこと。館主の勢力範囲の西端にあって、かろうじてアイヌの攻勢を乗りきった蠣崎氏は、勝利の立役者信広が安藤政季の娘聟となることで、諸館主を率いる正統性を獲得した。

『松前家記』はコシャマインの戦いを「蝦夷蜂起、大ニ掠殺ヲナシ、東牟《む》川《かわ》ヨリ西与《よ》市《いち》ニ至リ、悉ク其害ヲ被《こう》ムル。残民皆上国《かみのくに》・松前ニ萃《あつま》ル」と記している。コシャマイン自身は戦死したが、戦況全体はむしろアイヌ側が優勢で、和人たちは多く殺され、生き残りは上ノ国《かみのくに》・松前（渡島半島西南端）におしこめられた。その後も『新羅之記録』が「大永五年（一五二五）春にいたるまで、東西数十日の行程のうちに居住する村々里々をうち破り、シャモ（和人）を殺した」と述べるように、アイヌ側の軍事的優勢は続き、和人が渡島半島をこえて展開することはもはやなかった。

以上のことは考古学のデータによっても裏づけられる。本州から搬入された輸入陶磁や中世陶器を出土する遺跡は、鵡川と余市を結ぶ線より東南側に分布しており、和人による蝦夷地交易の面的な広がりを示唆する。その境界の一角を占める余市町の大川遺跡ほかいくつかの遺跡では、アイヌ系・和人系・オホーツク人系の遺物が比較的近接した場所から出土した。しかもコシャマインの戦いの勃発した十五世紀なかばころを境に、和人系の遺物が急に姿を消すという。

交易・生産の場としての和人館

コシャマインの戦い幕開けの舞台となった志苔館は、函館市街地東方の小高い丘上に立地する長方形の館で、高い土塁が四方を囲んでいる。南に船付きとなる海岸を見下ろす（図1-15）。この海岸では特産物の宇賀《うが》昆布を産する。

図1-15　空から見た志苔館址と隣接地から出土した大甕・銅銭（市立函館博物館所蔵）

戸数百を数えたという鍛冶屋村は、館付属の生産施設であろう。また館の西一一〇メートルほどの地点からは、一九六八年に三個の大甕《かめ》に詰った四十万枚もの中国銭が発掘された。甕のうち二個は越前、一個は能登半島の珠洲《すず》の窯で焼かれたもので、銭ともども日本海航路を通って運びこまれた。この備蓄銭が館主と無関係とは考えられず、コシャマインの戦い以後うち続くアイヌとの戦いを避けて埋められたともいう。

いっぽう、和人社会でヘゲモ

ニーを確立した蠣崎氏は、コシャマインの戦い後、花沢館から、隣接するはるかに大規模な勝《かつ》山《やま》館に居を移した。勝山館は和人館跡の一つだが、道南十二館と総称される他の館跡より新しい。アイヌモシリ（アイヌの大地）にくいこんだ最前線に位置する巨大な城で、日本海を見下ろす夷王山《いおうざん》（海抜一五九メートル）北東の緩い尾根上を占地する。館の直下は天《てん》ノ川河口に近い大澗《おおま》湾とよばれる天然の良港で、十三世紀の珠洲焼や十五・十六世紀の陶磁器が採集できる。ここからは松前、十三湊をへて日本海航路へ、また江差《えさし》をへて西蝦夷の奥地へと交易ルートが延びていた。

　この勝山館の大規模な発掘調査によって、十五世紀末〜十六世紀の和人館の実像が明らかになった。敷地は広大で、夷王山東斜面には六百基以上の火葬・土葬の中世墓が、数箇の群をなして分布する。北東むきの斜面は階段状に造成され、空堀や柵列で防禦を固めている。内部には最上部に館神《たてがみ》八幡宮が祀られ、地区ごとに「客殿」「倉庫」など使いわけがなされたらしい多数の建物跡が確認された。

　五万点を数える遺物には、約半分を占める大量の陶磁器（中国製が多いが日本製の茶陶などもある）をはじめ、石製羽口《はぐち》や鉄片・鉄滓《てっさい》などの鍛冶用具、釘・かすがいなどの建築材料、刀・甲《かっ》冑《ちゅう》・鏃《やじり》などの武器武具、小刀・鍋などの調理用具、鏡・簪《かんざし》・白磁紅皿などの化粧用具、下駄《げた》な

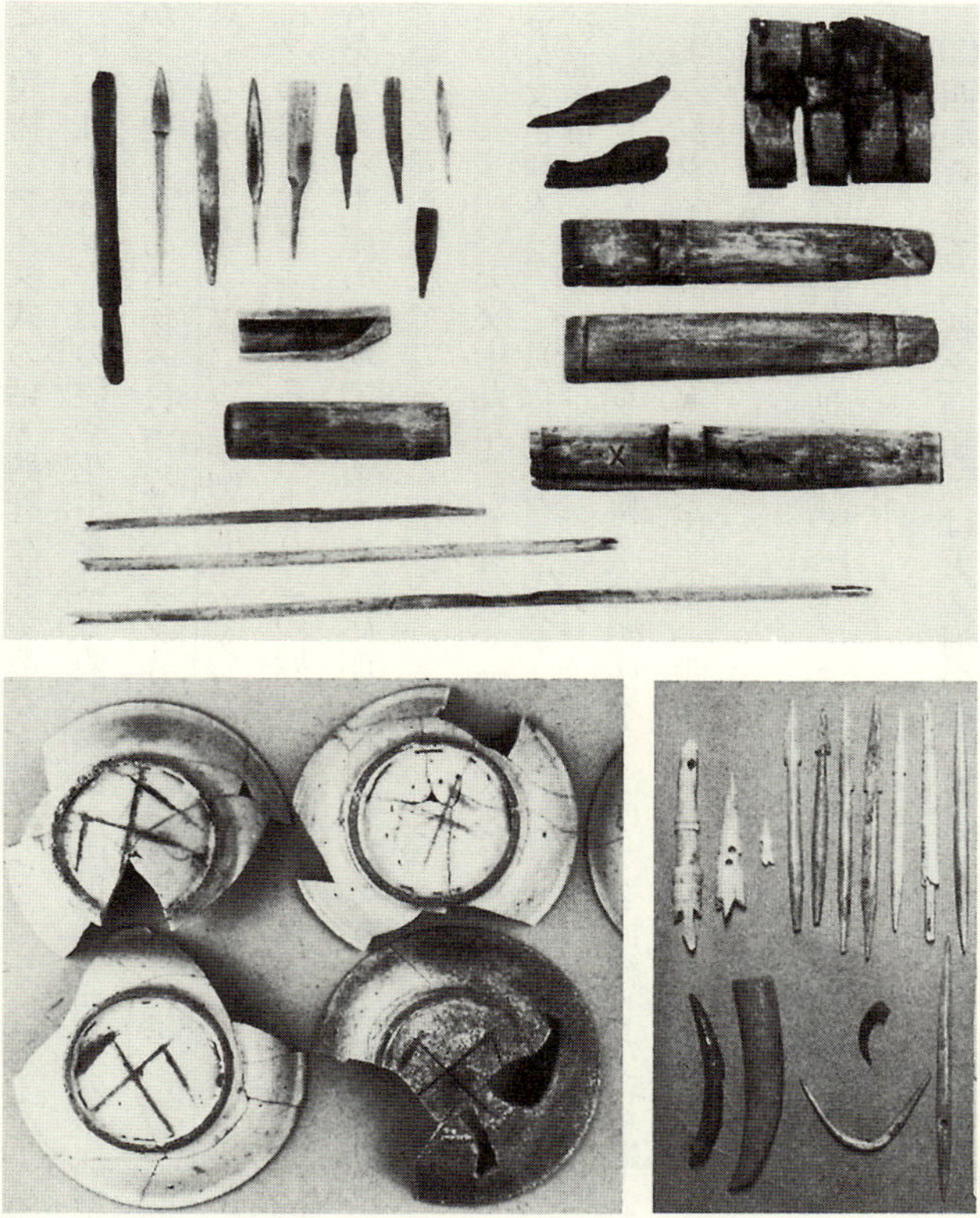

図 1-16　勝山館出土のアイヌ系遺物（上ノ国町教育委員会提供）
勝山館は北海道檜《ひ》山《やま》郡上ノ国町所在．上の左側は弓の一部・矢尻・矢柄，右側は桜皮を巻いた容器とマキリ（小刀）の鞘．いずれも木製品．下左はアイヌ墳墓から出土した15世紀前半の白磁皿．下右は回転式離《り》頭《とう》銛《もり》・釣針などの漁猟用骨角器．

どの履物、アイヌ式の銛《もり》・釣針などがある。

居館址からは青磁の盤《ばん》や花生《はないけ》をはじめとする、中世地方領主の生活遺物が出土した。住居址からは和人系の遺物だけでなく、マキリ（小刀）の鞘《さや》、骨角器の猟具・漁具、イクパスイ（儀礼具）などアイヌ系遺物が、半製品を交えて出土する（図1-16）。墓は大半が和人のものだが、アイヌの墓も混じっている。つまりこの城は、平時には和人とアイヌが混住しており、双方の経済を支える生産の基地でもあった。居館内に居住するアイヌは領主のために使役労働に従事していたと考えられている。

アイヌと和人の商船協約

天文十九年（一五五〇）、勝山館から松前大館に移っていた蠣崎季広《すえひろ》は、西部アイヌの首長ハシタイン、東部アイヌの首長チコモタインと講和し、つぎの三点からなる「夷狄《いてき》之商船往来之法度」を協約した（『新羅之記録』）。

⑴ハシタインは天《てん》ノ河に駐在して「西夷尹《イン》」、チコモタインは知内《しりうち》に駐在して「東夷尹」となる。

⑵蠣崎氏は、日本各地からやってくる商人に「年俸」を出させ、その一部を「夷役」として「両酋長」に配分する。

⑶西から来る「狄之商船」は天ノ河の沖で帆を下ろし、一礼をなして往還し、東から来る

「狄之商船」は知内の沖で同様にする。

従来この史料は、西は天ノ河、東は知内を境に、その松前側を和人（蠣崎氏）の領土とした協約と解され、ここに和人地と蝦夷地の区分が確定し、前者がのちの松前藩に成長していく、と展望されてきた（図1-14）。これに対して大石直正は、(3)から領土分割といった内容を読みとることは不可能で、「帆を下ろす」とは、アイヌ商船が両首長に航海・交易の安全保持の代償として捧げる「礼」を象徴する行為であり、これによって天ノ河〜知内間がアイヌと和人の交易が行なわれる平和領域となった、と主張する。

蠣崎氏の立場から書かれたために生ずるアイヌ＝夷狄観のバイアスを補正したうえで、大石説をもう少し敷衍しよう。右の平和領域に対して、天ノ河は西部アイヌ、知内は東部アイヌ、松前は本州から来る和人に指定されたトールゲイトであり、それぞれの口に対する管理・統制者がハシタイン・チコモタイン・蠣崎季広であった。前二者における「下帆」「一礼」とは、たんなる儀礼的行為というより、後者における「年俸」と同様の交易税をともなうものだった。しかも、蠣崎氏からアイヌ首長に支払われる「夷役」に相当するものが、アイヌ首長から蠣崎氏に支払われていた形跡はないから、この協約における蠣崎氏の立場は、アイヌ首長に対して劣位だったと考えられる。

右の協約から、境界空間が大きな富を生み出す交易場だったこと、協約が結ばれる以前のアイヌと和人の抗争は、この富をめぐる対等者間の争いだったことが、読みとれる。

松前藩の成立

天正十八年(一五九〇)、豊臣秀吉が北条氏を滅ぼして天下統一をほぼ完成させると、ときをおかず秋田《あきた》(安藤)実季《さねすえ》は上洛して秀吉に謁した。これに不安を覚えた蠣崎慶《よし》広《ひろ》(季広の子)は、同年末に聚楽第《じゅらくだい》で秀吉と対面した。さらに文禄二年(一五九三)、慶広ははるばる名護屋城へ赴いて秀吉に謁見し、「本州方面から松前に来る船頭・商人は、アイヌに対して非分を言いかけてはならず、また先例の通り船役を蠣崎氏に支払わなければならない。この旨に背く者がいたらすぐに言上せよ、速やかに誅罰を加えることとする」という内容の朱印状をもらった(『福山秘府』)。

秀吉が慶広を手厚く待遇したのは、「狄の千嶋」の掌握が「高麗国」の獲得を確実にするという歓びのあまりだった。ここに蠣崎氏は安藤氏の配下から自立し、北海道唯一の大名としての地位を確立した。

『新羅之記録』によれば、蠣崎慶広は右の朱印状を写した制札を立て、「東西の夷狄」を召集してつぎのように読み聞かせたという。――「この上は、なお夷狄が敵対して、慶広の下知にそむき、諸国からやってくるシャモ(和人)に対して、乱暴なふるまいにおよんだならば、速やかにその旨を報告せよ。関白殿は数十万の兵を差し遣わし、ことごとく夷狄を追伐されるであろう」。この訳は、むしろアイヌを保護する建前をとる朱印状の文面とは正反対だ。これが事実だとすれば、蠣崎氏は秀吉政権の意図をねじまげたうえでその威を借り、アイヌを威圧しようとしたことになる。

　蠣崎氏に認められた権限としては船役徴収権しか記されていないが、船頭・商人に、アイヌとの取引を松前でのみ行なわせ、直接蝦夷地に赴くことを許さない権利、いいかえれば対アイヌ交易の独占的管理権を含意するものだった。それは慶長元年（一五九六）の朱印状にいたって、「最近も通告したように、本州からの商売船は、アイヌと直接に接触してはならない。松前において取引を行なうべきである」と明記される（『福山秘府』）。

　しかしこれらの法令は、アイヌ商船が本州方面へ赴くことまでを妨げるものではなかった。慶長九年（一六〇四）の徳川家康黒印状においてもなお、第二条「本州の船が松前慶広（蠣崎から松前への改姓は慶長四年）に断りなく蝦夷地に渡海し、売買を行なったならば、すぐに江戸へ報告を上げるべし」の付則に、「エゾはどこへ往来しようとも、エゾの自由意思に任せるべし」とある（『松前家文書』）。このころなお北奥地域には多数のアイヌが居住しており、津軽海峡を往来する「狄船《えぞふね》」の姿が珍しくなかった。

江戸時代を通じて、松前藩には「日本の外」というイメージがつきまとっていた。一六一八年ころ、松前公広《きみひろ》はイタリア人神父ジロラモ・デ・アンジェリスに「パードレが松前におみえになることになんら差支えはありません。なぜなら天下（将軍）がパードレを日本から追放しましたけれども、松前は日本ではないからです」と語ったという（「第一蝦夷報告」）。幕末の幕僚向山誠斎《むこうやませいさい》は、右記の家康黒印状に領知高が不記載だったことを、「是も我国の外なる故、領知案堵《あんど》の事に及ばれざる歟《か》、……松前といふものは、全く島主の類にて、えぞは海外の夷、いはゆる羈縻《きび》の国なり」と解釈している（『誠斎雑記』）。

第二章　銀と鉄砲とキリスト教

1　後期倭寇と西国大名

冊封関係にともなう往来は、明と朝鮮、明と琉球の間では継続したが、日明間では勘合貿易廃絶でほぼ姿を消す。しかし、シナ海上の交流(図2-1)そのものが退潮したわけではない。密貿易が公的往来にとってかわり、物流の規模はむしろ拡大したと考えられる。この趨勢のなかで発生したのが、嘉靖《かせい》年間(一五二二～六六)の「大倭寇」だった。

嘉靖の大倭寇

最初の倭寇の棟梁は福建《ふっけん》の鄧獠《とうりょう》という脱獄囚で、一五二六年に下海して番夷《ばんい》を誘引し、浙江《せっこう》の舟山《しゅうざん》諸島にある双嶼《そうしょ》港を根拠として、密貿易を行なった。双嶼はヨーロッパ史料には「寧波」の福建語音リャンポーの名であらわれる。その後一五四〇年になって、許棟《きょとう》ないし許四兄弟が、はじめてマラッカから仏郎機《フランキ》国夷人、すなわちポルトガル人を双嶼によびこんだ。このマラッカと中国の南岸を結ぶ航路が、太い密貿易ルートに成長し、ポルトガル人はこのルートに乗って、中国人に導かれつつ東アジアにあらわれた。これが「東南の釁門《きんもん》始めて開く」、つ

図 2-1　16 世紀の環シナ海

まり東南アジア方面からの海賊が中国にあらわれる最初になった。その後、許棟についで倭寇の棟梁となった王直《おうちょく》が、日本へ行って博多《はかた》津《つ》の倭人を連れてくる。ここに博多と双嶼を結ぶ密貿易のルートが開かれ、それが「直浙《ちょくせつ》（江蘇《こうそ》・浙江）の倭患」の始まりとなった（『日本一鑑』窮河話海巻六）。

一五四八年、浙江巡撫《じゅんぶ》朱紈《しゅがん》が双嶼の密貿易基地を壊滅させ、倭寇の棟梁許棟は捕えられ、王直は逃走した。この事件を境に倭寇の活動は官憲との対立を深め、行動半径が広がり、暴力化した。王直は日本列島西端の平戸《ひらど》や五《ご》島《とう》に根拠地を置き、多くの部下を従えて王侯貴族のような生活を送ったという。かれ自身は海賊行為の主体というより、複数の倭寇集団の調停者としてふるまったり、あるいは官憲と協力して対立する集団を掃蕩したりして、海上における覇権を確立していった。

一五五三年からの数年間が倭寇の最盛期で、王直の部下たちは江蘇・浙江の各地を無人の境を行くごとく荒らしまわった。王直一党は、首領の近親者を腹心とし、そのまわりに中国からの亡命者や「倭奴《わど》」をかき集めた、多民族集団だった。「倭奴」は豊富な資金で雇い入れた傭兵だったらしい。

しかし一五五七年、王直は貿易の公許という餌に釣られて官憲に投降し、二年後に殺されてしまう。王直の配下から自立した徐海《じょかい》は、日本の大隅《おおすみ》・薩摩を本拠に江浙で活動したが、これも浙直総督胡《こ》宗憲《そうけん》によって五六年討伐された。その後の倭寇の活動は、規模を縮小して福建・広東《カントン》地方に移り、六一年に漳州《しょうしゅう》府の沿海土豪が倭寇と結んで反乱を起こしたが、三年後に鎮圧された(月港《げっこう》二十四将の乱)。

「倭寇図巻」と「抗倭図巻」

後期倭寇を描いたとされる絵画作品に、東京大学史料編纂所が所蔵する「倭寇図巻」(図2-2)がある。この絵は、図説の類や歴史教科書にはひんぱんに掲げられ、広く知られている。そのいっぽうで、複製版の解説以外に本格的な作品研究がなく、製作の時期すら明確でなかった。もっぱら倭寇の視覚的イメージを提供する「挿絵」として扱われてきたのである。

図 2-2 「倭寇図巻」（東京大学史料編纂所所蔵）
接岸した船からつぎつぎと上陸する倭寇たち．手前の船上の苫屋のなかには女性が描かれている．

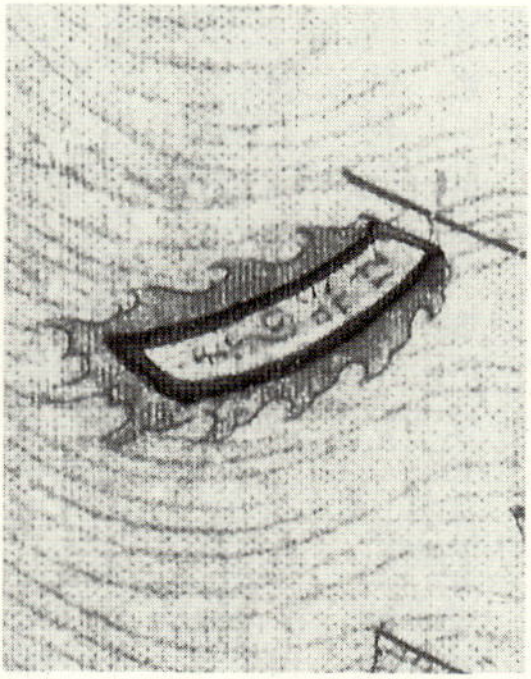

図 2-3 「倭寇図巻」より
沖から迫りくる倭寇船の帆柱にはためく幟に「弘治四年」とある．

二〇一〇年、史料編纂所で行なわれた赤外線撮影により、画面上の幟《のぼり》のなかに「弘治四年」（日本年号、一五五八年、図2-3）「大明神捷海防天兵」「粛清海［　］倭夷」の文字が発見され、明嘉靖年間の「大倭寇」を描いた絵であることが確定した。また、中国国家博物館に蔵される「抗倭図巻」という類似作品との関係について、同館と史料編纂所の共同研究が開始されて、研究は大きく動き始めた。

図2-4　左：「抗倭図巻」（中国国家博物館所蔵）　右：「倭寇図巻」

二つの図巻の間には一見して明らかな共通要素がある。たとえば、ひとりの倭寇の肩の上にもうひとりが立って形勢を観望している、というモチーフ（図2-4）は、偶然の一致ではありえない。全体を見ても、倭寇船の襲来と上陸、倭寇の略奪と放火、逃げまどう人びと、倭寇船と明軍船の戦闘、城門より出撃する明軍の隊列、という画面の流れが一致している。天地のサイズもほぼ同一だが、「抗倭図巻」のほうが一五パーセントほど長く、捕縛された倭寇など「倭寇図巻」にないシーンが見られる（図2-5）。それにより、明軍の勝利がよりきわだつ印象を受ける。

こうして、十六世紀なかばころの中国に、倭寇を描いた一連の絵画群が存在したことが確実になった。その後の研究によって以下のような諸点が明らかになり、また議論された。

(1)「抗倭図巻」に「弘治三年」の文字が存在する。

(2)両図巻は嘉靖大倭寇の終末期である一五五〇年代後半の、明軍と倭寇との戦いを描いたものである。
(3)明末の蘇州で大量に生産されていた主題や範型を共有する作品群(模作・贋作を含む)である「蘇州片《へん》」として理解すべきものである。
(4)清代中期の人張鑑《ちょうかん》が「平倭図巻」という作品(現存せず)を観て、その内容、とくに画中人物の比定考証を詳述した「文徴明《ぶんちょうめい》画平倭図記」が紹介され、「平倭図巻」が「抗倭図巻」と酷似した作品だったこと、三つの図巻が《原倭寇図巻》ともいうべき原形から派生したものであること、が確定的となった。

図 2-5 「抗倭図巻」
掃討戦に勝利して意気揚々と行進する明軍と，縛りあげられた裸の倭寇たち.

(5)絵の主題については、特定の時間と場所における倭寇討伐戦を写したものとする解釈や、特定の個人(なかんずく戦闘を指揮した文官)の戦勲を顕彰するための「戦勲図」として読み解こうとする視点が示された。

現時点での到達点は須田牧子によってこう要約されている。——《原倭寇図巻》は、徐海討伐を中心とした、胡宗憲の倭寇制圧の功績を称える戦勲図として作成されたが、江南の工房で《原倭寇図巻》の模倣作が作られ広まっていくなかで、胡宗憲という個人を顕彰する戦勲図から、倭寇に対する明軍の勝利、そしてそれに伴う平和な暮らしの再来といったものを描く、より一般的な物語へと、図巻の主題が展開変化をとげていった。「平倭図巻」は変化する前の形態を留め、「抗倭図巻」「倭寇図巻」は変化した後の姿である。

以上のように研究はめざましく進展したが、あらたな疑問も生じた。たとえば、倭寇集団がじっさいに弘治という日本年号の入った幟を掲げていたのだろうか。そうすることが倭寇集団にとってどんな意味があったのだろうか。

また、張鑑による「平倭図巻」の解釈を鵜呑みにしてよいものだろうか。「平倭図巻」と「抗倭図巻」の距離がきわめて近いことは明らかだが、そもそも張の人名比定自体がひとつの「見立て」以上ではない。さらに「倭寇図巻」になると、特定の画中人物の事跡を描いたものという印象は、ますます薄くなる。「倭寇図巻」を「戦勲図」の範疇に入れてしまうことには躊躇せざるをえない。

《原倭寇図巻》なり三つの図巻なりが特定の史実を描いているとする立場から、これまでに三つの仮説が示された。(1)一五五五年の張経《ちょうけい》による王江涇《おうこうけい》の戦いを描いたとする説。(2)胡宗憲が一五五六年に乍浦《さほ》・沈荘《しんそう》で徐海を滅ぼした戦いを描いたとする説。(3)胡宗憲が一五五七年に王直を誘引して舟山で捕縛し、ついで王直に同行した倭寇船(後述する大友氏遣明船)を翌年に打ち破った史実を描いたとする説。

そもそも両図巻が「蘇州片」として理解できるとすれば、多様な享受者のニーズに従って模写がくりかえされるなかで、特定の戦場の描写からはどんどん遠ざかっていっただろう。「倭寇図巻」と「抗倭図巻」、なかんずく前者を、特定の史実を描いた歴史画とする観念から自由になったほうが、作品の理解は深まるのではないか。

倭寇集団の内実

明は、建国以来民間人の私的な海外渡航を禁止する「海禁」を国是としてきたが、十六世紀になると海禁は随所でほころびを見せる。自由な海外貿易を志向する中国沿岸部の商人たちは、官憲の目を盗んで密貿易に手を染め、そこに多種多様な集団が競いあいながら合流した。圧倒的多数を占める中国人を核に、日本人や東南アジアの人びと、さらにはアジアに進出してきたポルトガル以下のヨーロッパ勢力をふくむ、多種多様な民族が加わっていた。こうした集団を「後期倭寇」とよんでいる。

かれらは、アジア海域に独自の航路を開拓し、各地の貿易港を結ぶネットワークを作りあげ、中国、日本、そして東南アジア諸国を包含するそのネットワークから膨大な利益を獲得していた。国家や民族の「境界域」に生きる存在であり、複数の地域、国家、民族を結びつけることで、活動した空間に繁栄をもたらしたともいえる。いっぽう、非合法の商取引を行なう過程で、かれらのもつ「武」の側面が突出し、条件次第では殺戮をこととし地域に惨害をもたらす海賊集団ともなった。その意味では、「自由貿易を求めて海外に商圏を広げていった新興商人」という手放しの評価は慎むべきだろう。

倭寇は中国社会にとって外部の存在ではなかった。朱紈が「外国の盗を去るは易《やす》きも、中国の盗を去るは難し、中国瀕海《ひんかい》の盗を去るは猶ほ易きも、中国衣冠《いかん》の盗を去るは尤も難し」と述べた（『明史』朱紈伝）ように、その首領も構成員の多数も中国人であり、地方有力者層（郷紳《きょうしん》）が倭寇と結んで密貿易に手を染めていた（「衣冠の盗」）。朱紈はまた、「海洋に出没する賊船はみな内地の叛賊である。かれらは南からの季節風が吹く時期に、日本諸島・仏郎機《フランキ》・彭亨《ボハン》・暹羅《シャム》の諸夷を糾合誘引して、寧波の双嶼《そうしょ》港内にやってきて停泊する。それを内地の姦人《かんじん》たちが出迎えて、往来交易する」とも述べる（『皇明経世文編』巻二百五）。仏郎機はポルトガル人、彭亨はマレー半島にある港市である。はては、江南「沿海の貧民は、一として海寇の人に非《あら》ざるは无《な》きなり」とさえいわれた(『乾隆重修潮州府志』巻三十八)。

一五四九年、朱紈は郷紳層の運動により罷免され自殺した。六七年ころ、やはり郷紳層の要望に応えて、日本への往来を除き海禁が緩和された。これらの史実から、倭寇猖獗《しょうけつ》の背景に、自由な貿易を望む沿海郷紳層と明の国家政策との矛盾があったことが知られる。

倭寇的遣明使節

一五五〇年代の大内氏滅亡と道づれに勘合貿易システムが崩壊するいっぽうで、密貿易は増加の一途をたどった。すでに一五四〇年代、日本で産出する大量の銀をめあてに、中国商人は非合法の日本渡航をくりかえしていた。大内氏という壁がなくなったことで、西国諸大名は倭寇と結びついて対外貿易にのりだしていく。

一五四三年、大友氏が派遣主体と思われる三艘の遣明船団が種子島を出帆した。船団は東シナ海上で嵐に遭い、一号船は烏有《うゆう》に帰し、二号船と三号船は種子島にひき返して(二号船の種子島帰還は推定)、翌年以降、それぞれ渡航に成功する。「鉄炮記《てっぽうき》」はこれらの船を「貢船《こうせん》」とよび、『日本一鑑《にほんいっかん》』は使者を「貢使《こうし》」とよんでいる。三艘の船団というのも勘合船の体裁としてふさわしい。一五〇一年に大友氏に「予約」され、まもなく給付された弘治勘合三道(枚)を携えていたと推定される(『大友家文書録』)。しかし寧波に入港した二号船も、貢期違反を理由に受け入れを拒否されてしまった。とはいえ日本側の意図を重視するなら、この船団は「勘合船」の事例に追加すべきだろう。

二号船は、寧波からそのままひき返したのではなく、密貿易の基地で寧波からほど近い舟山諸島内の双嶼に移動したらしい。一五四五年、王直が双嶼からこの船に乗って日本に来ているからである。三号船のほうは寧波に入港した形跡がなく、最初から密貿易をもくろんでいたと思われる。以上より、この遣明船団は、公的交通から密貿易へのシーン展開を、みずから演じてみせたアクターといえる。

その後一五五〇年代にも遣明船の渡航が試みられた。一五五三年、大内義長家中の吉見《よしみ》正頼《まさより》が遣明使として渡航したが、嵐に遭って済州島《チェジュド》に漂着している（『朝鮮明宗実録』）。五六年と五七年には大友義鎮《よししげ》（宗麟）の使僧清授《せいじゅ》と徳陽《とくよう》、五八年には「日本国属周防国」（前年滅んだ大内義長と思われる）の使僧熙春龍喜《きしゅんりゅうき》が、それぞれ渡航したが、いずれも貢期違反を理由に入貢を拒否された。

このうち一五五七年の徳陽は、王直招諭のために日本へ派遣された明人鄭舜功《ていしゅんこう》・蔣洲《しょうしゅう》とともに、投降した王直をともなって五島から舟山諸島の岑港《しんこう》に入ったが、正式な咨文《しぶん》勘合がないことを理由に入貢を拒否された。蔣洲は下獄、王直は捕縛されてしまい、遣明船一行は日本へ逃げ帰った。そのさいの行動を明側は倭寇とみなしているが、はじめは王直や蔣洲の斡旋を期待して、遣明使として仕立てられたにちがいない。王直同様、日本の勢力も貿易の公許に期待をかけていたのである。

2　鉄砲伝来——「ヨーロッパ」の登場

脱「脱亜」の課題

十六世紀前半、ポルトガルとスペインが地球を逆回りしてアジアで出あい、ここにはじめて地球規模の「世界史」が姿をあらわした。このことが「日本史」におよぼした巨大な影響は、キリスト教・鉄砲の伝来、日本銀の搬出、世界認識の塗りかえなどを考えてみれば、一目瞭然だ。今も日本人はこれらの事象を〈ヨーロッパとの直接の出あい〉と考える傾きが強い。たとえば、鉄砲やキリスト教を日本へ運んだ船も、南蛮屏風《なんばんびょうぶ》に描かれたようなヨーロッパ式の大型帆船が、イメージされがちだ（もしかしたら帆に十字架があしらってあったりする）。ところが、じっさいの運び手はことごとく中国式の外洋帆船ジャンクだった。このように、ヨーロッパとの接触もアジアの主体的な営みのなかで生じたことを、日本人はつい忘れがちではないだろうか。

十五世紀以来、中国大陸中央部（とくに江南地方）でめざましい経済拡大が生じ、周辺地域を刺激してあらたな軍事国家の台頭をうながすとともに、ヨーロッパ勢力や世界中の銀を中国にひきよせた。辺境軍事勢力の代表選手が豊臣秀吉（一五三七〜九八）と清の太祖ヌルハチ（一五五九〜一六二六）だ。かれらは、鍛えぬかれた軍事力を武器に、「夷」に甘んじず、「華」を呑みこんで、自身が世界の中心になろうとした。その帰結が一六四四年の明清交代だ。種を蒔いたのは秀吉だったが、結果として生じた「華夷変態」に、江戸幕府は対応を迫られた。生産力の解放と権力集中を実現した幕府は、貴金属の海外流出を断ち、基本的な産物の自給を実現することで、限定された窓口を通じてのみ外の世界と関係をもつシステムを作りあげた。いわゆる「鎖国体制」である。

近年、江戸時代は鎖国ではなかったとか、資本主義段階に到達していたとか、江戸は世界一安全で清潔な都会だったとかいったお国自慢が、無邪気にふりまかれている。部分的に真実をふくむとはいえ、アジアへの視線が欠落している点では、手あかのついた「脱亜入欧」言説の再版の域を出ない。アジアの文脈に日本の十六〜十七世紀を——ヨーロッパの出現のもつ世界史的意味を見うしなうことなく——位置づけることは、依然として重要な学問的課題であり続けている。

ポルトガル・スペインの東アジア進出

一四九七年、ポルトガル人バスコ・ダ・ガマが喜望峰を回って、翌年インドのカリカットに到達した。ポルトガル勢力は、一五一〇年にインド西岸のゴアを占領して貿易・布教の基地とするや、はやくも翌年にはマラッカ（現マレーシア）を占領して王国を崩壊させ、さらにその翌年には香料諸島のアンボン（現インドネシア）に商館を設置した。こうして香料貿易の主導権を確立しただけでなく、「世界の十字路」マラッカを手に入れたことで、その先のシナ海交易圏へと眼を開かれていく。

一五一七年、ポルトガルは使節を広東に送って明との接触を開始した。しかし、公的な関係を開くことは明の拒絶で頓挫したため、密貿易ルートに身を投じて南中国の沿岸を東進し、一五四〇年に倭寇の棟梁に誘われて、浙江沿海の密貿易基地双嶼に到達した。

かれらは双嶼（リャンポー）を自分たちがアフリカやインドに築いてきた植民都市のように描いている。だがじっさいには、長い歴史をもつアジア交易圏の航路をたどって、中国人を中心とする密貿易集団すなわち倭寇の一員に加えてもらった新参者にすぎない。かれらが日本往来のはじめの数年間に利用した船のことごとくがジャンクだったことや、明人がかれらを「仏郎《フラン》機《キ》夷」とよんだことが、それを明瞭に語ってくれる。そのいっぽうで、ゴア、マラッカ、アンボンの速やかな占領が語るように、かれらの特徴は武装船や鉄砲・大砲を擁する優越した武力にあり、その行使は、「不信者」を正しい信仰と文明へ導くという、キリスト教徒としての選民意識に支えられていた。

ポルトガルは一五五七年に明朝からマカオ居住を許され、マラッカ－マカオ－平戸（のち長崎）間に定期航路を開いた。これは日本銀が中国へ流れこむルートとなる。

いっぽう、一四九二年にコロンブスが新大陸を「発見」して以来、スペインは西インド諸島から中央アメリカ・南アメリカにかけて、植民帝国「インディアス」を築きあげた。一五一九年には、マゼランの艦隊が世界周航に出発、南アメリカ大陸の南端をまわって太平洋を横断し、二一年にフィリピンに到達する。スペインのアジアでの拠点づくりは、ポルトガルとの対立で難航したが、ようやく一五七一年ルソン島にマニラを建設し、メキシコのアカプルコとの間に定期航路を開いた。これは「西インド」の銀（ボリビアのポトシ銀山を中心とする）が中国へ流れこむルートとなる。

鉄砲伝来年代考——倭寇と種子島

鉄砲伝来といえば、火《ひ》縄《なわ》銃を携えたポルトガル人が種子島に漂着した事件として広く知られ、その年次は天文十二年（一五四三）とされている。

その根拠は、伝来から六十年余を経た慶長十一年（一六〇六）に、種子島久時《ひさとき》が父時堯《ときたか》の功績をたたえるため、薩摩の禅僧文之玄昌《ぶんしげんしょう》（南浦《なんぽ》）に書いてもらった「鉄炮記」

という文章である（『南浦文集』）。

【A】天文癸卯《きぼう》（一五四三年）八月二十五日、種子島の西村《にしむら》に百余人の船客をのせた大船が着いた。乗っていた「大明儒生五峯《ごほう》」が、砂に文字を書いて語ったところでは、船客は「西南蛮種の賈胡《かこ》」で、貿易のために来たという。賈胡の長の名を牟良叔舎《ムラシュクシャ》・喜利志太侘孟太《キリシタダモウタ》といった。ふたりは時堯の前で鉄砲を放って見せ、「希世の珍」と感じ入った時堯は、大金を投じてこれを買い取った。

ポルトガル人が「西南蛮種」、すなわち東南アジア方面から来た異人種とされている。事実、かれらが船出したのはポルトガル本国ではなかった。前出のアンボンで提督として勤務した経歴のあるポルトガル人アントーニオ・ガルバンが、帰国後の一五六三年に著した『諸国新旧発見記』に、こう記されている。

【B】一五四二年、ディオゴ・デ・フレイタスがシャム国ドドラ市（アユタヤ）に一船のカピタンとして滞在中、その船より三人のポルトガル人が一艘のジャンクに乗って脱走し、シナにむかった。その名をアントーニオ・ダ・モッタ、フランシスコ・ゼイモト、アントーニオ・ペイショットという。かれらは北方三〇度余に位置するリャンポー市（双嶼）に入港しようとしたが、うしろから激しい暴風雨が襲ってきて、かれらを陸から遠ざけてしまった。こうして数日、東の方三二度の位置に一つの島を見た。これが人々のジャポンエスと称し、古書にその財宝について語り伝えるジパンガスのようである。

【B】にあらわれる脱走ポルトガル人と、【A】で種子島に鉄砲を伝えた「西南蛮種の賈胡」とを同一とするのが、古くからの解釈である。【A】の「牟良叔舎」をフランシスコ、「侘孟太」をダ・モッタの音字と解するのだ。しかし、年代に一年のズレがあることが、長く研究者を悩ませてきた。そこで、日本・中国・ヨーロッパに残る諸史料をつきあわせ、諸説を批判的に検討してみると、つぎの三点が浮かんでくる。

(1)この時期、種子島と考えられる島にポルトガル人が連年、二度にわたって到来したことが、日欧双方の史料に記されている。まず、「鉄炮記」の【A】の続きにこうある。

【C】その翌年(一五四四年)、「蛮種の賈胡」がまた種子島の熊野《くまの》浦に来た。……賈胡のなかに幸いにもひとりの鉄匠がいた。時堯は天の授けと感じ入って、ただちに金兵衛尉清定《きんひょうえのじょうきよさだ》という者に、鉄砲筒の底の塞ぎ方を学ばせた。しばらくの時月を経て、清定は「其《そ》の巻きてこれを蔵《おさ》むる」ことを修得した。さらに一年あまりのち、あらたに数十挺《ちょう》の鉄砲の製作に成功した。

つぎに、スペイン人ビリャロボスの遠征報告中に引用されたポルトガル人ディオゴ・デ・フレイタス（【B】に登場）の供述。

【D】かれ（フレイタス）と一緒にそこ（アユタヤ）にいたなかの、ポルトガル人二人がチナ（中国）沿岸で商売しようと一隻のジャンクでむかったが、かれらは暴風雨に遭ってレキオス（琉球）のある島へ漂着した。そこでかれらはその島々の国王から手厚いもてなしを受けた。それは、シャムで交際したことがある〔レキオ人の〕友人たちのとりなしによるものであった。かれらは食料を提供され立ち去った。

これらの人々が〔レキオ人の〕礼儀正しさや富を目撃したことから、他のポルトガル商人たちもチナのジャンクに乗ってふたたびそこへ行った。かれらはチナ沿岸を東に航海し、さきの島に着いたが、今回は上陸を許されず、持参した商品とその値段の覚書を提出すべきこと、及び代金は直ちに支払われることが申し渡された。ポルトガル人たちはそのとおり提供したので、支払いをすべて銀で受け取り、食料を与えられ、退去を命ぜられた。

ただし、【A】【C】が二度の到来を一五四三年と四四年とするのに対して、【D】は年次を記さないが、その一回目は【B】との符合から一五四二年と考えられ、二回目はフレイタスの供述の年次が一五四四年であることから、一五四三年と推断される。

(2)シャムの都ドドラ市（アユタヤ）から大陸沿岸を東北方に進んで種子島にいたった、というポルトガル人の経路(【B】【D】)が、一五四〇年からの数年間の王直――【A】に登場する「大明儒生五峯」を王直とする説が有力である――の行動と重なる。中国史料「擒獲《きんかく》王直」(『籌海図《ちゅうかいず》編《へん》』巻九)は、それをつぎのように記す。

【E】嘉靖十九年(一五四〇年)、当時海禁が弛んでいたので、王直は仲間の葉宗満《しょうそうまん》らとともに広東へ行き、巨艦を造った。その船に硝石《しょうせき》・硫黄・生糸・木綿などの禁制品を積みこんで、「日本・暹羅(シャム)・西洋等の国」を往来して貿易すること、五、六年に及び、莫大な富を得た。夷人たちは大いに王直に信服し、かれを「五峯船主」とよんだ。さらに王直は、中国から亡命した徐海・陳東《ちんとう》・葉明《しょうめい》らを招きよせてかれらを将領とし、また資力を投じて倭奴の「門多郎次郎四助四郎等」をひきこんで軍団に編成し、はたまた甥の王汝賢《おうじょけん》や義理の子王滶《おうごう》を腹心と頼んだ。こうして王直は五島の夷を結集して、中国で乱をなした。

王直は一五四〇年から四四、四五年の間に、シャムと日本を往来していた。【A】はシャムから日本列島にはじめて登場した場面であり、再度種子島にポルトガル人を導いた「チナのジャンク」(【D】)も王直の船だった可能性が高い。さらに四五年、かれは「博多津倭助才門《すけざえもん》等三人」を連れて双嶼にあらわれ、許棟の部下となった(『日本一鑑』窮河話海巻六)。四八年、双嶼は明の官憲によって壊滅させられ、許棟は殺されたが、王直は難をのがれて東シナ海の反対側、西九州の五島や平戸に拠点を移した。

王直は、最盛期には二千人の部下を従えて、王者のごとき暮らしぶりだったという。「大明儒生五峯」というよばれ方から、相当な教養を備えた知識人だったと思われる。一五五一年、かれは元代の著名な禅僧中峰明本《ちゅうほうみょうほん》の墨蹟《ぼくせき》を大内義隆に献上しているが、これを譲り受けた策《さく》彦周良《げんしゅうりょう》は「大明人五峰先生」とよんでいる。王直は日本においても尊敬を集める存在となっていた。

(3)【C】に二度目のポルトガル人来島から一年あまりで鉄砲の島内生産が始まったとあり、その年次は、初度の来島を一五四三年とする(【A】)と、四五年以降のことになる。ところが、鉄砲の関東伝来を語る「鉄炮記」後半部には、種子島氏の家臣松下《まつした》五郎三郎が四四年に鉄砲を携えて明にむかう船に乗りこんだ、と記されている。つまり、種子島で鉄砲生産が始まる前年に、松下は鉄砲を携えて乗船したことになってしまう。

右の三点を矛盾なく説明するには、【A】の年次を一年前にずらして、一回目のポルトガル人来航を一五四二年、二回目をその翌年とするのがもっとも無理がない。とうぜん、鉄砲伝来は一五四二年ということになる。

種子島銃の濫觴

ポルトガル人が携えていた鉄砲は、引金をひくと火縄の火が火薬に点火して鉛玉を発射する火縄銃だった。その威力に驚嘆した種子島時堯は、ただちに二挺の鉄砲を法外な高値で譲り受けた(【A】)。時堯は昼夜練習に励み、百発百中の腕前になった。同時に家臣の篠川《ささがわ》小四郎に火薬の調合法を学ばせた。さらに鉄砲そのものの製造に着手したが、火薬の爆発圧に耐えられる強度で筒底《つつぞこ》を塞ぐことができなかった。この密塞が充分でないと、底がはずれて手前方向に飛び出し、きわめて危険である。

二度目に来島した「賈胡」のなかにいた鉄匠が、難問を解決してくれた。それが、「其の巻きてこれを蔵むる」、すなわちネジの原理で底部に鉄栓をねじこむ技術だった。その後一年あまりで数十挺の生産に成功したという(【C】)から、きわめて迅速に製造技術を習得したことがわかる。

かくも速やかに鉄砲技術が定着した背景には、種子島がさまざまな条件の揃った希有の場所だったことがある。まず、良好な砂鉄資源とそれを溶《と》かす熱源となる木材に恵まれ、高度な技術をもつ刀鍛冶がいた。島の海岸を歩くと、砂浜が砂鉄で覆われて黒く光っている場所がなん箇所もある(図2-6)。それほど高い山はないが、山林資源も豊富だ。

また、海の道という点から見ても、南方向は薩南《さつなん》諸島や琉球諸島へ、西方向は東シナ海を横断して中国大陸へ、北方向は九州の東海岸をつたって北九州や瀬戸内方面へ、北東方向は四国の南を通って畿内方面へ、縦横に航路が延びていた。一五二一年、時堯の祖父忠時《ただとき》は琉球の尚真王と君臣関係を結び、年一艘の貿易船を琉球へ送る権利を認められた（三七ページ参照）が、これは第一のルートの活況を示す。また、鉄砲伝来と交錯しつつ、一五四〇年代に大友氏が仕立てた遣明船団（本章1参照）は、第二、第三のルートによるものだった。さらに、第四のルートをたどって、堺から日蓮宗《にちれんしゅう》が伝わり、激しい葛藤のすえ島主の帰依《きえ》をかちとると、全島が日蓮宗一色になってしまう。

図2-6　種子島西海岸（著者撮影）
黒く見えるのは砂鉄.

　こう見てくると、ポルトガル人の乗った王直のジャンク船が嵐に遭って種子島に漂着したことは、なるほど偶然の事件だったが、種子島が日本最初の鉄砲生産基地となったことには、歴史的必然性があると感じられてくる。

　一五四四年五月、スペイン人ペロ・ディエスは、マレー半島のパタニから福建の漳州を経て「日本の諸島」にいたった。鉄砲が根来《ねごろ》へ飛び火した経緯を語る『紀伊国名所図絵』『津田《つだ》流鉄砲口訣《くけつ》記』によれば、同年津田監物《けんもつ》は種子島で「皿伊旦嵜」から鉄砲の術を学んだという。「皿伊旦嵜《ペイタロ》」＝ペドロ（スペイン名）＝ペロ（ポルトガル名）だから、これはペロ・ディエスに比定できる。この銃が初伝銃とちがう仕様のものだったらしいことは、『津田流鉄砲口訣記』に鉄砲が「阿留賀放至」すなわちarcabuzというスペイン語で記録されたことから想像される。

鉄砲の殺傷能力は既存の武器をはるかに超えたものだった。戦争に明け暮れる各地の大名はもちろん、根来寺や石山本願寺《いしやまほんがんじ》もその威力に着目し、競うように入手と製造に力を入れ始める。種子島からの距離や流通経路などの理由で、いち早く鉄砲を導入したのは九州や畿内の大名だった。また、火薬と弾丸の原料である硝石と鉛が輸入に頼らざるをえなかった（火薬のもう一つの主原料硫黄は国内で多く産した）ことからも、貿易の盛んな九州の勢力が鉄砲導入の近道にいた。はじめて鉄砲を実戦に使用したのは薩摩の島津氏で、天文十八年（一五四九）の加治木《かじき》城の戦いに使用したと記録されている。豊後の大友宗麟は鉄砲を贈答品に用いた例が多い。豊前・筑前の守護への補任を強く願った宗麟は、将軍足利義輝に鉄砲を献上し、それが効を奏して守護就任を果たしたという。こうして広がった鉄砲は、堺や根来寺、近江の国友《くにとも》などで大量に生産されるようになり、戦国時代の戦いのあり方を変えていった。

3　キリスト教と南蛮貿易

キリスト教伝来と倭寇勢力

キリスト教を日本に伝えた宣教師フランシスコ・ザビエル（図2-7）は、カトリック修道会イエズス会の創立メンバーで、アジア布教をめざして、まずインドのゴアに渡航した。鉄砲が種子島に伝わった一五四二年のことだ。イエズス会は、宗教改革以降プロテスタントに押されがちだったカトリック教会のなかで、新天地への布教によって挽回を図ろうとする新勢力だった。ザビエルも、イエズス会の活動を支援するポルトガル王のあとおしをえて、ポルトガル商船に乗ってゴアへやってきた。まもなくその姿は「世界の十字路」マラッカにあらわれる。

一五四七年、殺人を犯した薩摩人アンジローは、たまたま鹿児島港に入っていたポルトガル商人の船にかくまわれて、マラッカへ渡航した。アンジローと面会したザビエルは、その資質にほれこみ、ゴアの聖パウロ学院へ送って教理を学ばせた。ザビエルは当面の布教対象を中国から日本に変更し、四九年アンジローをともなって日本へ旅立った。

そのさい利用した船は中国人の所有するジャンクだった。この中国人はラダラオ（盗賊）というあだ名をもち、家族とともにマラッカに住んでいた。ザビエルは、「偶像」を崇拝する「不信者」ラダラオが、途中の港にたちよったり行きつ戻りつして、船足が進まないことにいらだちを隠さないが、ラダラオの「本業」が密貿易だったとすれば、なんら怪しむにたりない。

一五四九年鹿児島に上陸したザビエルは、翌年、京都へむかう途中で平戸にたちよる。貿易のために平戸を訪れていたポルトガル商人たちは、ザビエルに深く帰仰した。ポルトガル船

図 2-7　聖フランシスコ・ザビエル像（17 世紀初，神戸市立博物館所蔵，Photo: Kobe City Museum/DNPartcom）

キリシタン大名高山右近の旧領千提寺《せんだいじ》（大阪府茨木市）で 1920 年に発見．口から出るラテン文字は「主よ，充分です，充分に満たされています」，下部のラテン文字は「イエズス会士聖フランシスクス・サベリウス」の意で，漢字は「瑳布落怒青周呼山別論廖瑳可羅綿都（さふらぬしすこさべろりうさからめんと）漁夫環人」と読める．

はこの年はじめて平戸に入港したのだが、おそらく前年に双嶼を追われて平戸に移っていた王直が誘ったのだろう。

　このように、キリスト教伝来の情景も鉄砲とよく似ている。ザビエルを日本へ運んだのは、ヨーロッパ人自身の船ではなく、東南アジアと東アジアをつなぐ既存の密貿易ルートであり、そのルート上をジャンクで行きかう倭寇だった。

南蛮貿易の二つの道

　平戸の領主松浦《まつら》隆信《たかのぶ》は、貿易振興のためにキリスト教の保護が得策と考え、ザビエルを歓迎し布教を許可する。その結果、平戸では約百人の日本人キリスト教徒が誕生した。一五五五年に信者数は五百に達し、五七年には平戸に教会が建てられ、近くの度島《たくしま》では全住民がキリシタンになったという。平戸は舶来品で満ちあふれ、京都や堺の商人が買い付けにおしよせた。ポルトガル人も「日本にある最良の港」と称賛し、日本に来るポルトガル船のほとんどが平戸をめざすほどだった。

　しかし、隆信はキリスト教の急速な普及を心から喜んでいたわけではない。とくにキリスト教徒が仏教徒と衝突して「偶像」破壊に走ることには、強い警戒心を抱き、一五五八年に平戸地方の布教責任者ガスパール・ヴィレラを追放した。一五六一年、貿易取引をめぐるいざこざから、隆信の家臣が船長《カピタン》以下十四人のポルトガル人を殺すという事件が起きた。六二年、着任したばかりの日本布教長コスメ・デ・トルレスは、ポルトガル船の平戸入港を許可せず、隣接する大村《おおむら》領内の横瀬《よこせ》浦に回航させた。南蛮貿易の利益は大村氏に移り、六三年、大村純忠《すみただ》は洗礼を受けて最初のキリシタン大名となった。

　ここに、南蛮貿易をめぐって二つの道のあったことが見てとれる。

　一つは隆信の道で、信仰と貿易をきりはなし、キリスト教の浸透を抑制しながら、貿易の利益は手に入れようとするものだ。しかし、ポルトガル・スペインなどカトリック国では、貿易は布教と一体で、宣教師も貿易商人も「商教分離」を認容しなかったので、貿易を望むかぎりは宣教師の活動やキリスト教の浸透をある程度認めざるをえなかった。その後この道は統一政権によって踏襲されるが、商と教の矛盾はついに解消されず、やがて凄惨な殉教《じゅんきょう》をともなうキリスト教根絶と、「商教分離」を受け入れたプロテスタント国オランダ・イギリスへの貿易許可へと、展開する。

　もう一つは純忠の道で、大名自身が信徒となり、領内への布教を全面的に認めるものだ。その後九州や畿内では、大友宗麟、小西行長《こにしゆきなが》、高山右近《たかやまうこん》など、続々とキリシタン大名が誕生していくが、これは大名個人の信仰の発露であるとともに、「商教一体」というカトリック国の原則によりそった貿易振興策でもあった。このころ、ヨーロッパ船の入港地は宣教師の権限で決定されたので、南蛮貿易を望む大名は、キリスト教優遇策を打ち出して自領の港への誘致を競った。これに客を奪われた松浦隆信は、一五六五年に大村領内の福田《ふくだ》浦に入港中のポルトガル船を襲撃するという挙に出て、返り討ちにあった。

イエズス会日本準管区長ガスパール・コエリョは、大村純忠に領内の「偶像」根絶を勧め、また四旬節《しじゅんせつ》に罪の償いを願った信徒に、「通りすがりに寺を焼くがよい」と言ったという。その結果、大村領では寺社・「偶像」の破壊が横行し、その痕跡は今なおこの地域に残っている。こうした他宗派に対する非寛容は、十六〜十七世紀ヨーロッパの時代精神をなす、異教世界をキリスト教化するという使命感に発していた。

しかも、ポルトガル人冒険家メンデス・ピントが、「これから私が琉球のことを語るのは、その後にポルトガルの軍隊が神の意志にのっとってこの小さな島を容易に占領してしまえるようにするためだ」と告白するように（『東洋遍歴記』）、かれらの世界進出は植民帝国をめざしており、その先兵としてキリスト教が位置づけられていた。ピントはイエズス会士だった経歴があり、商人としてザビエルに資金援助をした人物である。

さらに、ポルトガルのアジア進出には、日本のキリシタン教会に対する「布教保護権」をポルトガル国王に与えるローマ教皇の「大勅書」（一五七六年）を通じて、日本をポルトガルの潜在的領土とする論理がはらまれていた。

そのいっぽうでイエズス会は、布教先の異文化に対して無用の摩擦を避ける「適応主義」を特徴としており、これがドメニコ会・フランシスコ会等托鉢《たくはつ》系の修道会から非難をあびる原因となった。適応主義の例としては、主人が正当な理由あって家来を成敗することを容認する、主人から課役を命ぜられた家来はわが身を不利にしてまで安息日を守る必要はない、日本人の利子徴収を「やむをえざる不知」とみなす、などがある。

キリシタン文化の境界性

キリスト教は一五六〇年代ころから畿内に展開し、有名な織田信長との接触もあったが、なお圧倒的な比重は「都《ミアコ》」よりは「下《シモ》」とよばれた九州にあった。禁教令の時代に入ると、畿内信徒の中心をなした支配層や知識人層から棄教者が続出し、強固な支持基盤は、地域的には九州および本州西端の沿海地方、階層的には被支配層に絞られてくる。このように、キリシタンの中核部分には、日本の西境にあって海に親しい生活を営むという境界性が一貫して流れていた。境界人としてのキリシタンの事例を紹介しよう。

初期では、かのアンジローが、ザビエルと別れたのちバハン（倭寇）となって中国近海で死んだと伝えられる。禁教時代では、「日本人初の教区司祭」トマス・アラキは、十七世紀初頭、

「新大陸」を経てローマにいたり、セミナリオ（神学校）で学んで司祭に叙階され、一六一五年マカオを経て帰国、四年後長崎で捕えられて棄教し、一転してキリシタンとりしまりに荷担した。「画家」ニワ・ヤコブは、父が中国人で、一六〇一年にマテオ・リッチの招きでマカオに

図 2-8　ドチリナ・キリシタン（財団法人東洋文庫所蔵）
近世初期にイエズス会が作成した初歩教理書. 4 種類のキリシタン版がある（1591 年加津佐版国字本，1592 年天草版ローマ字本，1600 年長崎版ローマ字本・国字本）.

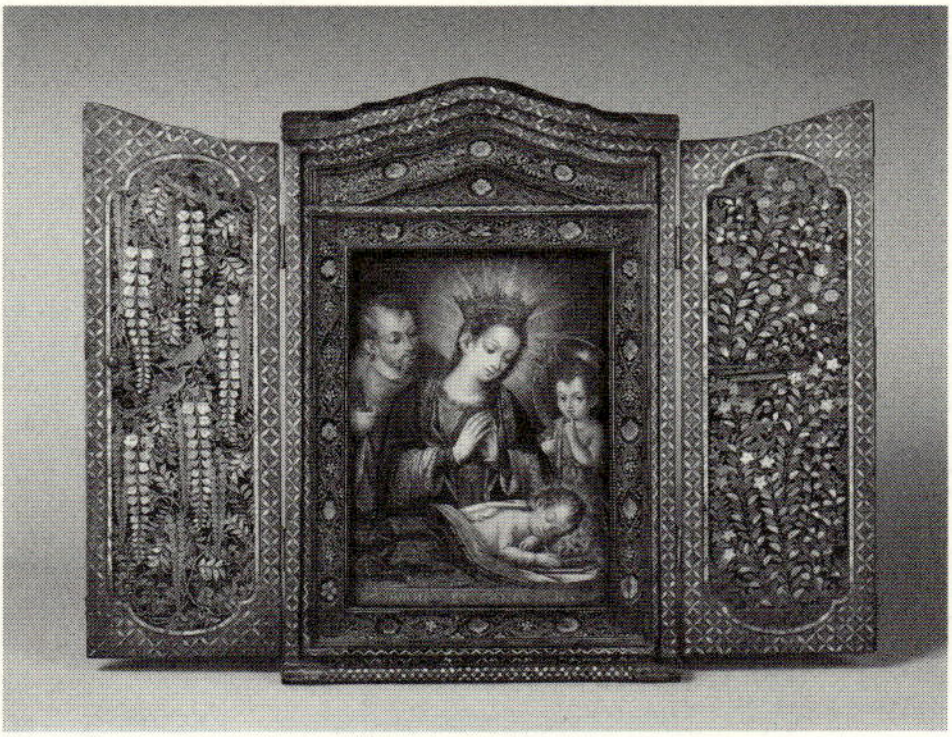

図 2-9　花鳥《かちよう》蒔絵《まきえ》螺鈿《らでん》聖龕《せいがん》（16 世紀末～17 世紀初，九州国立博物館所蔵）

Kobe City Museum/

渡り、のち北京に赴いて聖堂の絵を描き、〇八年マカオでイエズス会に入った。「絵師・銅版画師・オルガン奏者」塩崎ルイスは、一六〇七年イエズス会に入り、一四年の禁教令でマカオに逃れ、のちマニラでフランシスコ会により司祭に叙階、三七年琉球で捕えられ、長崎で処刑された。

布教活動の基地となった場所も境界性が濃厚だ。一五八〇年に肥前有馬《ありま》氏の城下日《ひ》野《の》江《え》で開校した「下」のセミナリオは、大坂、生月《いきつき》島、長崎と移転してきた「都」のセミナリオを八七年に合併し、八八年に有馬の山間部八良《はちら》尾《お》、八九年に加《か》津《づ》佐《さ》、九一年に再度八良尾、九五年に有家《ありえ》、九七年に長崎と、転々とし、一六〇一年の長崎大火で有馬にもどり、一二年ころまで存続した。一五八〇年に豊後府《ふ》内《ない》に開設されたコレジオ(学院)は、八八年以降、生月島、長崎、有馬領千《ち》々《ぢ》石《わ》・有家、同加津佐、天草河《かわ》内《ち》浦と移転をくりかえし、九七年長崎に移って、一六一四年まで活動した。このほか、一五九四年にはマカオに日本人対象のコレジオが開かれている。

図 2-10　南蛮屏風（左隻，狩野内膳筆，神戸市立博物館所蔵，Photo: DNPartcom）
他に国内外に多数の作品が残り，大流行がうかがわれる．

一五九〇年、加津佐のコレジオにポルトガル製の印刷機がもちこまれ、翌年、大部なローマ字本『サントスの御作業の内抜書《ぬきがき》』（ベネチア、マルチャーナ国立図書館所蔵）や国字本『どちりいなきりしたん』（バチカン図書館所蔵）が刊行された（図2-8）。書物史・印刷史上、「キリシタン版」の名で知られる。オルガン製作は一六〇〇年ころ天草の志岐《しき》で始まり、翌年画家ニコラオが有馬のセミナリオで製作指導にあたり、主要な教会に備えつけられた。

キリスト教がひろまる過程で、さまざまな日欧文化の融合が見られた。日本の漆芸《しつげい》「蒔《まき》絵螺鈿《えらでん》」が聖龕《せいがん》・聖餅箱《せいへいばこ》などの宗教道具に用いられ、みごとな文化融合を見せている（図2-9）。日本人絵師の手になる南蛮屏風は宗教画ではないが、題材に宣教師・教会・南蛮船などを採用して、南蛮趣味の昂揚をうかがわせる(図2-10)。医師山本玄仙《やまもとげんせん》が一六一九年に著した『万外《まんがい》集要』は、南和(南蛮と日本)両道の医術から取捨選択して編まれている。さらにキリシタンの墓は圧倒的多数が長崎県に残り、その形式は中世板碑《いたび》の流れをくむ板碑形と、ヨーロッパ様式の蒲鉾《かまぼこ》形に区分される。

聖典の日本語訳にあたって、当初宣教師は「デウス」に「大日」をあてるなど、仏教語を転用して神学者の批判を浴び、重要な語彙については原語主義を採るようになった。その結果「ばうちずも(bautismo 洗礼)の授けやうとびやうじや(病者)にへにてんしや(penitencia 悔悛)をすゝむるけうけ(教化)の事」のような、原語と訳語を混ぜた特異な文体が生まれた。そのいっぽうで、日本の知識層は儒教用語「天道」をそのままデウスに転用して、キリスト教を理解しようとした。また、ローマ字本を改訂した国字本『こんてむつすむん地』では、漢語過多の文章をやわらげ、本質的に必要でない外国語や仏教語の使用を避けて、一般にわかりやすい文章とするよう努めている。

こうした混合はかくれキリシタンによって、原語が忘れられつつも保存されていった。外海《そとめ》の祈禱書の主禱文は「ケーレーレンソー」とよばれたが、これは主の祈りのはじめに称えられる Kyrie eleison(主よ憐れみ給え)であり、病気によく効くオラショ(Oratio)「アネステー様」は

Agnus Dei（神の子羊）である。生月島でオラショを「ゴメイサン」とよぶのは、Missa に「御」を付加したものであり、苦行用の鞭（ジシピリナ）を「おテンペンシャ」とよぶのは、Penitencia に由来する。

4　石見銀山からみた世界史

石見銀山の開発

東西に長い島根県のほぼ中央にある大田《おおだ》市の山間部に、十六世紀に開かれた巨大な鉱山遺跡が眠っている。十七世紀前半の最盛期には、年間の銀産高が八千貫から一万貫（三万二千〜四万キログラム）にのぼった。このころ日本全体の銀産高は四万〜五万貫と推算され、これが全世界の銀産の三分の一を占めたといわれるから、石見銀山だけで全世界の銀の十五分の一を産出したことになる。「石見銀山遺跡とその文化的景観」として、二〇〇七年に世界文化遺産に登録された。

標高五三七メートルの仙《せん》ノ山《やま》（別名銀峯《ぎんぶ》山《せん》）を中心とする山腹のいたるところに、間歩《まぶ》とよばれる坑道が口を開け、その数は鉱山衰退期の文政六年（一八二三）の調査でも二百七十九坑を数えた（休止坑をふくむ）。最盛期には銀山全体でなんと二十万の人口があったと伝えられる。これは信じがたいが、それでも四万人前後は確実だという。

石見銀山の発祥は、延慶二年(一三〇九)の大内弘幸《ひろゆき》による発見にさかのぼるというが、確実なところでは大永六年(一五二六)、博多商人神谷寿禎《かみやじゅてい》が海上から光り輝く山(これが仙ノ山だ)を見て銀鉱脈の存在を確信し、出雲の鷺浦《さぎうら》銅山主三島《みしま》清右衛門と共同で採掘を始めた。ふたりの関係は、銅を朝鮮へ運んで売りさばく貿易事業を通じて結ばれた。銀山の発見が、山陰の日本海沿岸を博多へとたどり、さらに壱岐・対馬を経て朝鮮にいたる航路を舞台に生じたことが明瞭だ。

天文二年(一五三三)、寿禎は宗丹《そうたん》と桂寿《けいじゅ》という技術者を銀山によんで、灰吹法《はいぶきほう》という銀精錬法を定着させた。一説によれば桂寿(慶寿)は朝鮮人だという。灰吹法の中心工程は、(1)銀鉱石に鉛を加えて溶解させ、含銀鉛《がんぎんえん》をとりだす、(2)含銀鉛を加熱して、融点の低い鉛を灰吹床《どこ》の灰に沁みこませて銀を分離する、という二段階に分かれる(図2-11)。寿禎ははじめ、掘り出した鉱石そのものを搬出していたが、ほどなく工程(1)を経た含銀鉛を朝鮮まで運んで精錬を委託するようになり、天文二年にいたって、鉱山現地で工程(1)(2)により、純銀に近いものがとりだせるようになった。鉱石や含銀鉛にふくまれる銀の比率はわずかなものだから、これによって輸送コストが劇的に下がった。その後、大内・尼子・毛利・豊臣氏らの権力による助成もあって、爆発的な銀の増産が実現する。

以上のように、日本の戦国社会のもつ列島外への開放性と国内諸勢力の競合が、銀増産へのプッシュ要因として働いた。その後の統一権力が統合された力を注ぎこんだ結果、銀生産にさらに拍車がかかった。いっぽう国外には、銀産をいっそう助長させる強力なプル要因が、中国の経済状況のなかに存在した。

図 2-11　石見銀山絵巻（中村俊郎氏所蔵）
字は「灰吹致候図」．箱型の炉に取り付けた管から炎を噴き出させ，灰吹床に載せた含銀塩を溶かす．床に被せてある渡木（わたしぎ，椿や槇）に火がついてさらに温度が上がる．

明朝では、十五世紀なかば以降、経済規模の拡大と軍事支出の増大にともなって、従来の銅銭中心の貨幣体系がてぜまとなった。とくに全国から税銀を徴収して北方の対モンゴル戦線の軍糧をまかなう施策を軸として、国家財政が銀中心へと転換しつつあった。最終的には、一五七二年から始まる張居正《ちょうきょせい》の財政改革で、さまざまな租税・徭役《ようえき》を一本化・銀納化して土地に賦課する一条鞭法《いちじょうべんぽう》が、全国に拡大された。こうなると全国の土地所有者は、納税のために毎年銀を入手しなければならない。こうして膨大な銀需要が生じたが、国内生産ではまったく足りず、国外からの巨大な銀の流れをよび起こした。

まずこれにこたえたのが日本産の銀だった。当時の日本国内では銀の需要はさほどではなく、見るべき国際商品のなかった日本が、中国産の生糸・絹織物、陶磁器、朝鮮産の木綿などを獲得するための支払手段として、大部分が国外へ搬出され、そのほとんどが中国へ流れこんだ。

日本銀をめぐる人的連鎖

一五二八年ソウルで、金仲良《きんちゅうりょう》ら五人が倭通事《つうじ》から木綿で金銀を買って北京に赴く通事に託したとして、また朴継孫《ぼくけいそん》ら五人が「倭の鉛鉄《えんてつ》を以て銀を黄允光《こういんこう》の家に作った」として、摘発された（以下『朝鮮中宗実録』による）。この「鉛鉄」は含銀鉛に相違ない（「鉄」は金属一般の意）。石見銀山で採掘が始まってわずか二年後に、朴継孫らの鉱山技術者によって含銀鉛から抽出された銀が、倭通事のなかだちによって、木綿を代価にひそかに金仲良らの商人に売られ、さらに北京へ赴く通事に付託されて中国へもちこまれる。ここから、〈倭人―倭通事―ソウル商人―赴京《ふきょう》通事〉という人的連鎖が読みとれる。

一五三三年に灰吹法が石見銀山に導入されると、朝鮮にもちこまれる日本銀が急増する。四二年に「日本国王使」を詐称する対馬の使僧安心《あんしん》が、八万両もの銀の買取りを迫り、対応をめぐって政府内で激論がかわされた。八万両は、慶尚道《キョンサンド》や司《し》贍寺《せんじ》（財務担当の中央官庁）に備蓄された官木《かんぼく》（官用の綿布）では買いきれないほどの巨額で、小田原評定のすえの結論は、三分の二を市価に従って公貿易・私貿易に分けて買う案におちついた。このように、倭人たちが銀の見返りとして朝鮮に求めた物は圧倒的に綿布だった。当時朝鮮では木綿以下の布が貨幣として機能しており、倭人の要求にそのまま応じていては、国庫がからになりかねなかった。

　右の議論のなかで、「倭人は銀精錬の術をわが国から学んだのだから、もちろん禁銀がわが国是であることを知っている。そのために銀が売れないことを恐れて、国王の書契をもっていると称しているが、ほんとうの日本国使だとは信じられない」、あるいは、「倭国で銀を造り始めてまだ十年にもならないのに、倭銀がわが国に流布し、銀価が下落するほどだ」などという発言があった。これによって、灰吹法が朝鮮から石見へ流出したこと、それによる技術革新が銀の大増産をもたらし、日本銀が朝鮮へおしよせる結果を招いたことを、朝鮮側の史料から確かめることができる。

　また「禁銀」とは、朝鮮が冊封関係に基づく明の貢銀の命から逃れるために、銀の産出や流通を抑圧していた政策をいう。十六世紀初頭に朝鮮で開発された灰吹法により、鉛山として有名だった咸鏡南道《ハムギョンナムド》の端川《タンチョン》で大量の銀が産出した。にもかかわらず禁銀により生産は抑制され、銀山は閉鎖されてしまう。冊封の重圧がかくも強かった朝鮮とちがって、日本では、いくらたくさん銀を産出しても貢納命令がくる気づかいはなかった。その結果朝鮮は、日本からもちこまれ、非合法の人的連鎖を通じて明へ流入していく銀を、どう扱うかに頭を悩ませるという皮肉な結果となった。

こうした非合法の人的連鎖は灰吹法の流出においても見られる。一五三九年、全州《チョンジュ》判官柳《りゅう》緒宗《ちょそう》という地方役人が、「倭とひそかに通じ、多くの鉛を買い、ひそかにそれを自宅で吹錬して銀を作り、倭奴をしてその術を伝習させた」というかどで捕縛された。年代のへだたりから、これを灰吹法が最初に日本へ流出したシーンそのものとみなすのはむずかしい。しかしこの一件から流出の情景を想像することは、不可能ではない。そのルートは〈柳緒宗―宗丹・桂寿―神谷寿禎〉といった人的連鎖として理念化できる。むろん緒宗と宗丹らの間をつなぐ史料はないが、宗丹らが朝鮮人の工人だとすれば、緒宗のような有勢者の保護下にあった可能性は大きい。

多民族混成の密貿易集団

日本銀の搬出は、当初は朝鮮半島を通り抜けて中国へ流入するルートが中心だったが、まもなく東シナ海を横断して直接中国に運びこむルートが主流になる。

一五四一年の史料に「今倭人らは、中国の南辺で銀が高く売れるので、わが国にある銀を買いもどすようになっている」(『朝鮮中宗実録』)とある。ところが、倭寇の跳梁に悩んでいた明は、一五六七年の海禁緩和のさいにも、中国商人の日本渡航や日本商人の中国来航を許可しなかった。その空隙を埋めたのがシナ海域を活動の舞台とする密貿易集団だった。

ピントの『東洋遍歴記』は一五四二年に南シナ海のどこかで起きたできごとをこう記している。ちなみにおなじ年、種子島には鉄砲が伝来し、ゴアにはザビエルが到達し、朝鮮には銀八万両がもちこまれていた。

> ……プレマタ・グンデルという海賊が襲ってきた。グンデルは、パタニ、スンダ、シャムやその他の土地で、しばしばポルトガル人に大損害を与えていた不倶《ふぐ》戴天《たいてん》の敵である。かれらはこちらをシナ人と思ったので、水夫のほかに二百人の戦闘員を乗せた二隻の巨大なジャンク船を率いて私たちを攻撃し、そのうちの一隻がメン・タボルダのジャンク船を捉え、もう少しで攻め落とすところだった。……敵はきわめて果敢に戦ったので、アントニオ・デ・ファリアは部下の大半を負傷させられ、二度にわたって危うく負けそうになった。そのとき三隻のロルシャ船(シナの小さな商船)とペロ・ダ・シルヴァの乗った小ジャンク船が駆けつけ、われらの主《しゅ》の嘉《よみ》したもうたことには、この救援によって味方は失地を回復

し、敵を追いつめ、八十六人のイスラム教徒を殺して、まもなく戦闘は終った。……敵のジャンク船の積荷を調べたところ、戦利品は八万タエル（両）にのぼった。その大部分は、グンデルが平戸からシンシェウ（漳州）に行く三隻のジャンク船から奪った日本銀だった。したがって、この船だけで十二万クルザドを載せていたことになる。沈没したもう一隻のジャンク船にもほぼ同額の積荷があったと思われ、味方の多くはそれをたいへん残念がった。

この海戦では、ポルトガル人、イスラム教徒、中国人密貿易商が入り乱れ、日本銀をめぐって争っている。注目すべきは、かれらの乗船がすべてジャンクなど中国式の船だったことだ。ジャンクに乗ったイスラムの海賊は、ジャンクに乗ったポルトガル海賊を、中国人とまちがえて攻撃したのである。ヨーロッパ人もイスラム教徒も、中国大陸沿海の密貿易ネットワークに乗っかることで、はじめてアジア海域で活動することができた。

こうした諸民族の星雲状態はつぎのような事例からも看取され、「倭寇」とよばれた海上勢力の実態を知ることができる。一五三二年、江南や遼東《りょうとう》出身の「唐人」が、黄海で嵐に遭って朝鮮のある島に漂到し、島民から「倭人か、㺚子《だつし》（女真人）か」と疑われた（『朝鮮中宗実録』）。一五四八年に双嶼が掃討されたとき、ポルトガル船に乗っていて捕えられた黒人の供述に、ポルトガル人、漳州など福建人、寧波など浙江人、南京人、そして日本人が入り乱れ、南海産の胡椒や日本銀を中国産の諸物資と交換する、というよりは騙して奪いあうようすが活写されている(朱紈『甓余《へきよ》雑集』巻二)。

戦国大名・統一権力と金銀山

石見銀山で確立した銀生産の技術システムは、やがて但馬の生野や佐渡や出羽の院内《いんない》にも移植されて、爆発的な増産をもたらしてゆく。生野銀山は、天文十一年(一五四二)に石見の商人が鉱石を買って石見へ運び精錬したことから始まるという。佐渡金銀山の発祥である鶴子《つるし》銀山の発見も同年のことだが、文禄四年(一五九五)に石見の山師《やまし》三人が来山したことで、盛期を迎えたという。

その過程で生産力増大の果実をわがものとしていったのは、大内・尼子・毛利氏らの戦国大名、ついで豊臣・徳川の統一権力だった。石見銀山の中心仙ノ山のとなりにある山城「山吹《やまぶき》城」は、戦国時代に大内・小《お》笠原《がさわら》・尼子・毛利などの大名が、銀山を確保するために争奪をくりかえした軍事拠点だ(図2-12)。三十年も続いた争いは、永禄五年(一五六二)に毛利氏の勝利に帰したが、天正十三年(一五八五)、九州平定をねらう豊臣秀吉の圧力のもと、銀山は秀吉と毛利氏の共同管理に移行する。秀吉は、同二十年に始まった朝鮮侵略戦争にさいし、石見銀で大量の銀貨「文禄丁銀《ぶんろくちょうぎん》」を造り、戦費をまかなった。

図 2-12　山吹城遠望（熊谷武二氏撮影）
山頂部に階段上に削平した跡が明瞭に残る．

徳川家康は、慶長六年（一六〇一）、江戸幕府草創期の能吏として有名な大久保《おおくぼ》長安《ながやす》を銀山奉行として石見へ送りこみ、毛利氏の手から銀山をとりあげて直轄地とし、銀山周辺の百四十四か村、約四万八千石を銀山御料に指定した。その後幕府は各地の鉱山をつぎつぎと天領《てんりょう》にしていった。長安はまもなく「石見守」をなのるようになり、佐渡・伊豆など各地の金銀山の開発と運営に辣腕をふるった。このようなあつい手当てのもとに、石見銀山で新しい鉱脈の探査が精力的に進められ、やがて長安が備中国からよびよせた山師安原伝兵衛《やすはらでんべえ》が、釜屋間歩《かまやまぶ》という優秀な鉱脈を発見する。伝兵衛は、おびただしく採掘された銀から三千貫を家康に進上し、辻ケ《つじが》花丁字文胴服《はなちょうじもんどうふく》一領と扇一柄をほうびにもらった。

銀山の繁栄を準備したものは、たしかに密貿易のネットワークであり灰吹法の導入による技術革新だった。しかし、世界の産銀の三分の一を占めたといわれるほどの爆発的な増産は、幕藩制の成立によるかつてない権力集中と、その条件下での生産力の効率的な管理運用がなければ、けっして達成されなかっただろう。

その結果日本銀はヨーロッパにも広く知られるようになる。ヨーロッパ製世界地図中の日本列島に minas da prata（銀鉱山）がかならず記載されていたり、宣教師の記録で日本全体を Islas Platareas（銀島）とよんでいたりする。さらにイギリス人の記録に、日本銀の種別名として、Somo/Soma（佐摩《さま》＝石見銀山）をはじめ、Seda（佐渡）、Nagites（長門）、Tagemon（但馬）などの、産地に由来する名称がみえる。Fibuk（灰吹《はいぶき》銀）とよばれた日本の銀は、当時の世界通貨であるスペインのレアル銀貨よりも品位が高かったといわれ、その他の種別名も、レアル銀貨と品位を比較する文脈であらわれる。日本銀が世界経済によってきめ細かく評価されていた状況がうかがえる。

第三章　天下統一から世界制覇へ

1　織田信長の「天下」構想

足利義昭と信長

織田信長の生家は、尾張守護代織田氏（守護は室町幕府管領家斯波《しば》氏）配下の三奉行家の一つで、父信秀《のぶひで》の代に伊勢湾奥の商業・交通の拠点津島《つしま》・熱田《あつた》をおさえ、尾張を領国とする大名に成長した。信長は隣国美濃の斎藤道三《さいとうどうさん》の娘を妻としたが、その道三が、わが実子は「たわけ（信長）が門外に馬を繋ぐべき事、案の内に候」と悔しがった（『信長公記』首巻）ほど、人の上に立つ天分があった。永禄三年（一五六〇）二十七歳のとき桶狭間《おけはざま》で今川義元を討ち取って武名を轟かせ、翌年徳川家康と同盟を結んで後顧の憂いを断ったうえで美濃に侵攻し、同十年に斎藤氏から稲葉《いなば》山《やま》城を奪い、「岐阜」と改名してここに移った。

永禄八年（一五六五）、三好三人衆らが将軍足利義輝を殺してその従兄弟義栄《よしひで》の擁立をはかり、三年後にようやく将軍宣下にこぎつけたが、まもなく義栄は入京すら叶わぬまま病死してしまう。京都を脱出していた義輝の弟義昭は、諸大名に自分を奉じて入洛させるようよびかけ、地の利もえた信長が永禄十一年（一五六八）、義昭を擁して入洛を遂げた。将軍となった義昭は、信長を管領か副将軍にする意向を示したが、信長は受けなかった。

　信長は上洛後将軍・天皇の居所を整備し、公家・寺社領安堵の方針をうちだした。幕府や朝廷を再興して秩序維持や裁判機能をゆだね、自身は京都に居を定めず、岐阜を本拠として伊勢、近江、畿内などへの版図拡大に力を注いだ。信長は、永禄八年から花押に王者を象徴する「麟《りん》」の字をアレンジして用い、同十年からは有名な「天下布武」の朱印を捺した朱印状（図3-1）を出し始める。その翌年の上洛が天下を視野に入れた行動だったことはまちがいない。

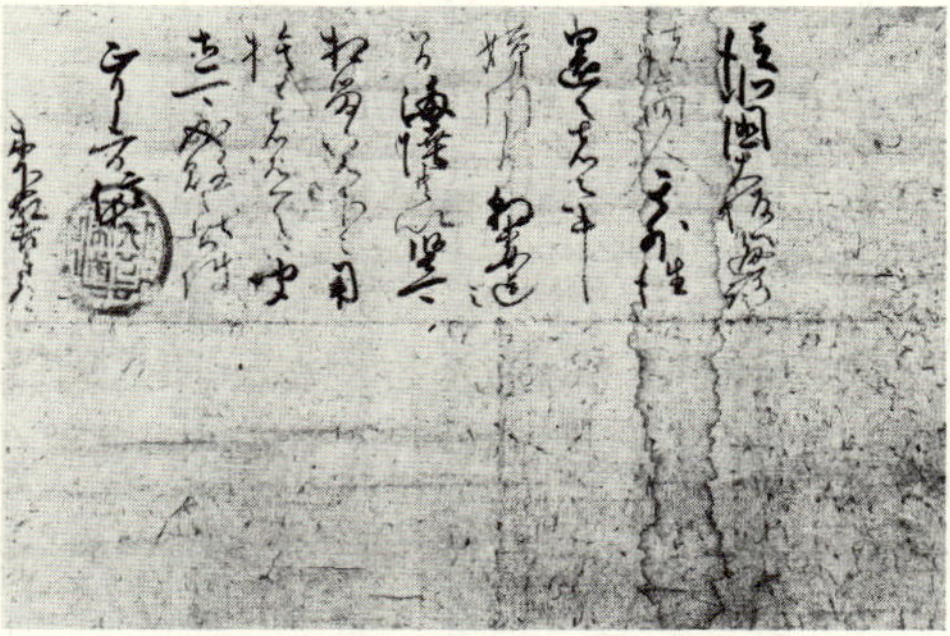

図 3-1　織田信長朱印状（東京大学史料編纂所所蔵）

　だがその天下とは、信長死後六年たった一五八八年においてさえ、イエズス会士が「天下とは日本の主権のことである。都および周辺の支配権を握ることをそう称する」と述べた（『イエズス会日本年報』）ように、日本全土よりは京都・畿内におけるイニシアティブに重心があった。

　上洛後まもなくから、将軍権力を恣意的に行使しようとする義昭との間に対立が生じ、信長は永禄十二年（一五七〇）に意見書をつきつけて義昭の失政をとがめ、「天下の儀、何様《いかよう》にも信長に任せ置かるるの上は、誰々に寄らず、上意を得るに及ばず、分別《ふんべつ》次第に成敗を為すべき事」、すなわち天下のことに最終的な判断を下すのは自分だ、と言明した。元亀三年（一五七二）にも重ねて十七か条の意見書をつきつけている。

信長の急速な勢力拡大は諸勢力の警戒を招き、武田信玄、上杉謙信、本願寺と一向一揆《いっこういっき》、三好氏、浅井長政《あざいながまさ》、朝倉義景《あさくらよしかげ》らによる信長包囲網が形成された。義昭は和議の調停者というスタンスでそれに一役買い、信長との対立を深めた。元亀四年義昭は浅井・朝倉氏と謀って挙兵するが、上洛をめざした信玄が病死して包囲網の一角が崩れ、逆に信長は浅井・朝倉両氏を滅ぼして北近江・越前に版図を広げた。

その間、信長は「公方まで都から追放し、日本王国を意味する、天下《テンカ》と称せられる諸国を征服し始めた」（『日本史』第二部四十章）。これをもって政権としての室町幕府は滅びたとされる（ただし義昭の征夷大将軍在職は天正十六年まで続く）。ここでの「天下」は、後年信長が、佐久間《さくま》信盛《のぶもり》の不行跡を責めるなかで「今度一天下の面目を失ひ候儀、唐土・高麗・南蛮国迄も其の隠れあるまじく候」と言った（『信長公記』巻十三）「一天下」と同様、京都や畿内をこえて、日本規模に広がっていた。また信長は、義昭の主導した年号「元亀」を改め、天下静謐の祈願をこめてみずから「天正」を選んだ。義昭に替わって天下を掌握したことの宣言ともいえる改元だった。

宣教師と南蛮貿易

信長が南蛮文化に興味を示したことも、「天下」意識と関わりがある。もちろん、たんなる個人的な興味から西欧の人や文物に関心をよせたわけではない。宣教師に面会して西洋事情を聴きだし、さらにかれらが土産として持参した時計や地球儀などを珍重し、それらを通じて世界情勢に目を開いていった。

またキリスト教の布教にも寛容で、安土《あづち》には南蛮寺とよばれた教会だけでなく、初等教育機関であるセミナリオも建設された。イエズス会士のなかでもとくに信長と親交のあったルイス・フロイスは、知りあったころの信長を「善き理性と明晰な判断力を有し、神および仏のいっさいの礼拝、尊崇、ならびにあらゆる異教的占卜《せんぼく》や迷信的習慣の軽蔑者であった」と称えている（『日本史』第一部八十三章）。

ところが、天下統一の進展につれて評価は一変し、「自らに優る宇宙の主なる造物主は存在しないと述べ、彼の家臣らが明言していたように、彼自身が地上で礼拝されることを望み、彼、すなわち信長以外に礼拝に価する者は誰もいないと言うに至った」と、信長の宗教的逸脱を非難するようになる（『日本史』第二部四十章）。

義昭を奉じて上洛した翌年、信長は堺を直轄領とした。来日直後のザビエルが、「日本でもっとも富裕な港で、そこへは日本中の金や銀の大部分が集まってきている」と述べて商館の開設を提案した（『聖フランシスコ・ザビエル全書簡』第九十四）ように、堺は物流の一大集散地だった。また堺商人は堺にいて日本の物流を掌握するだけでなく、みずから九州へ赴いて南蛮貿易に携わっていた。

信長が堺商人のなかでもとりわけ重く用いた者に、今井宗久《いまいそうきゅう》がいる。宗久は鉄砲や火薬などを扱う豪商であり、市政を担う町衆（会合《えごう》衆）でもあった。信長は宗久に硝石などを調達させるだけでなく、鉄砲の生産も行なわせた。永禄十二年（一五六九）に二万の大軍を送って生野銀山を支配下に置くと、翌年宗久らを派遣して経営にあたらせている。物流拠点と鉱山の直轄化は、次代の秀吉や家康にもひきつがれていく重点政策だった。

倭寇とポルトガル人が手を携えた南蛮貿易により、戦国大名たちは海のむこうに豊富な資源や技術があることを知った。それを代表する鉄砲を、信長はかつてないほど大量に入手し、重要な戦闘力に位置づけて組織的に整備した。天正三年（一五七五）、織田・徳川連合軍が武田勝《かつ》頼《より》を破った長篠《ながしの》の戦いで、勝敗を決したものが大量の鉄砲だったことはよく知られている。そして鉄砲は、続く秀吉、家康時代の天下統一を加速させていく。

安土城の「天下」と経済政策

天正二年（一五七四）、信長は伊勢長島《ながしま》の一向一揆を殲滅し、翌年には三河長篠で武田軍を撃破し、越前・加賀の一向一揆をも平定して、「地域国家」中で圧倒的な優位に立った。同四年には、家督と岐阜城を嫡子信忠《のぶただ》に譲り、琵琶湖東南岸にあらたに築いた安土《あづち》城に移った。安土城は、三方を湖水がとりまく急峻な山に、要所に巨石を配置した壮麗な石垣をめぐらし、最高所には斬新な意匠を施した七層の天守がそびえていた（図3-2）。中世の山城の極致ともいえる。天守各層の障壁は「天子」を連想させる中国風の絵画で飾られていた。天皇や将軍をこえて、みずからを中国皇帝になぞらえる自意識が読みとれる。

また、京都の二条にも屋敷を築いて、安土との「二都」体制を整えた。これは公卿になって急速な昇進をとげた（天正二年に参議、同三年に権大納言・右大将、同四年に内大臣）ことと関係があろう。

その延長線上に、フロイスの伝える「毛利を平定し、日本六十六カ国の絶対君主となった暁には、一大艦隊を編成してシナを武力で征服し、諸国を自らの子息たちに分け与える考えであった」（『日本史』第二部四十章）という、中国征服の野望があらわれる。その構想は秀吉に受けつがれ、「三国国割構想」として浮上することになる（第四章1参照）。

図3-2　安土城（上：千田嘉博氏監修，富永商太氏作図，下：千田嘉博氏撮影）
幅広い石段を昇りつめると，天守が目を圧して迫る．

城下町政策としては、まず馬廻《うままわり》衆に屋敷地を与え、家臣団の城下町集住に着手した。町から仰ぎ見る巨大な天守は、隔絶した主従関係を家臣に見せつける装置だった。天正五年（一五七七）には「安土山下町中」に楽市《らくいち》令十三か条を公布し、自由な商業を奨励して城下町の繁栄をはかった。おもな内容は、座の特権排除と諸公事《くうじ》の免除、往還商人への寄宿強制、放火犯・刑事犯・盗犯につき家主の連帯責任否定、分国徳政の適用免除、転入者に対する本主人の権利否定、闘争は理由を問わず禁止、家並役《いえなみやく》の一律免除など。

さらに分国内で関所を撤廃し道路・橋を整備して、交通・流通の円滑化をはかった。将軍となった義昭から近江・山城・摂津・和泉・河内を望みしだいに知行させるといわれて、かわりに堺・大津・草津に代官を置くことを望んだというエピソードも、広域的な流通支配を権力基盤とする方向性を物語っている。

これをフロイスは「彼が統治し始めるまでは、道路には強権が発動され、また強制的に課税されていたが、彼はすべてを解放し、なんら税金を支払わなくてよいようにしたので、庶民の心を一層掌握することになった」と評価し(『日本史』第二部四十章)、太田《おおた》牛一《ぎゅういち》は「且《かつうは》天下御《おん》為《ため》、且《かつうは》往還旅人御憐愍《ごれんびん》の儀を思食《おぼしめさ》れ、御分国中に数多《あまた》これある諸関諸役上《あげ》させられ、都《と》鄙《ひ》の貴賤一同に忝《かたじけな》しと拝し奉り、満足仕《つかまつり》訖《おわんぬ》」と称賛する(『信長公記』巻一)。側近さえも震えあがらせた専制権力によせられた民衆の支持がかいまみえる。

信長は永禄十二年(一五六九)に撰銭《えりぜに》令を発し、三つに類別した悪銭を、二倍、五倍、十倍の枚数で精銭と等価と定め、悪銭・精銭を半分ずつ混ぜて流通させた。また、とくに京都の町に対しては、米による売買を禁じ、一定分量以上の糸・薬以下の輸入物品を金銀で売買させ、金と銭、銀と銭の交換レートを定めた(『中世法制史料集』武家家法Ⅲ)。日本の統一政権が、東アジアの新しい経済情勢に対応して、通交貿易を公的管理下に置こうとした最初の動きといえるが、畿内でかえって通貨が銭から米へ替わる状況が生じたことが示すように、この貨幣政策は功を奏さなかったらしい。

石山戦争から「本能寺」へ

安土築城の始まった天正四年(一五七六)には、一向宗の総本山石山本願寺への攻撃が開始された。しかし、本願寺に兵粮《ひょうろう》を運びこもうとした毛利方の水軍(村上《むらかみ》氏等)の前に、信長方の水軍(九鬼《くき》氏等)は大阪湾奥の木津川口《きづがわぐち》で大敗を喫した。毛利氏参戦の背景には、毛利領の備後鞆《とも》にいた足利義昭の画策があった。同六年、信長軍は毛利水軍と再度木津川口でまみえ、こんどは

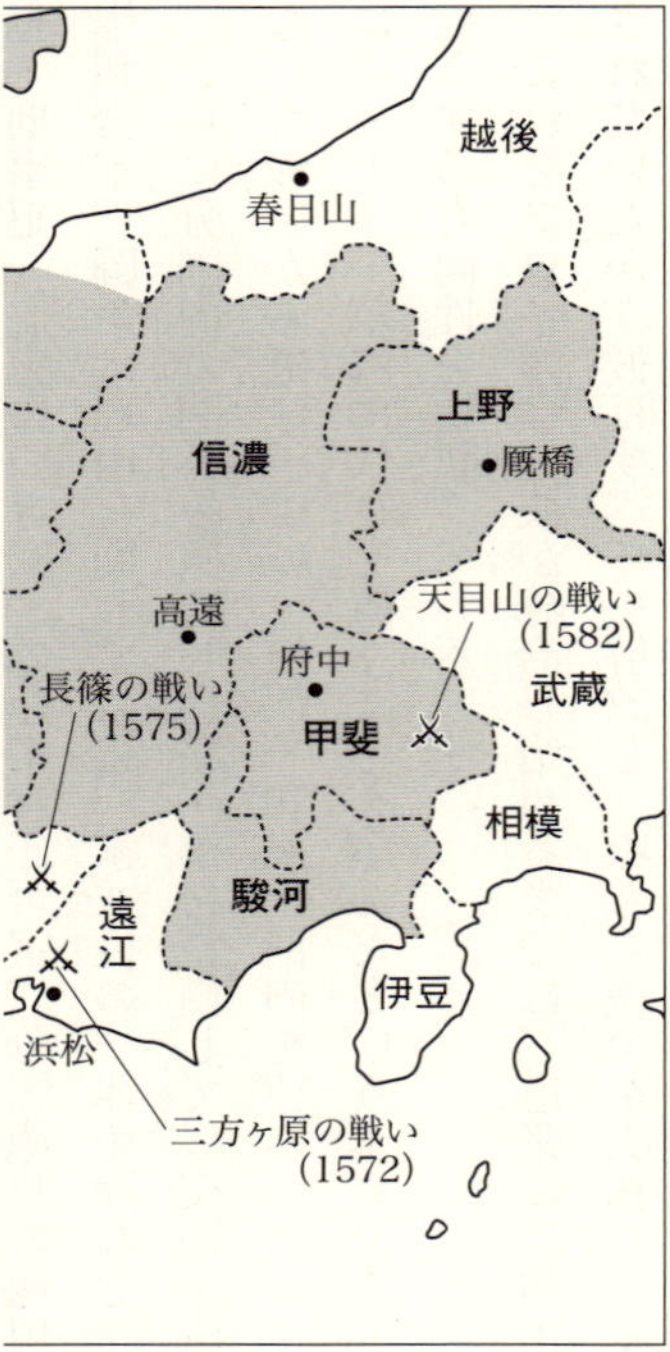

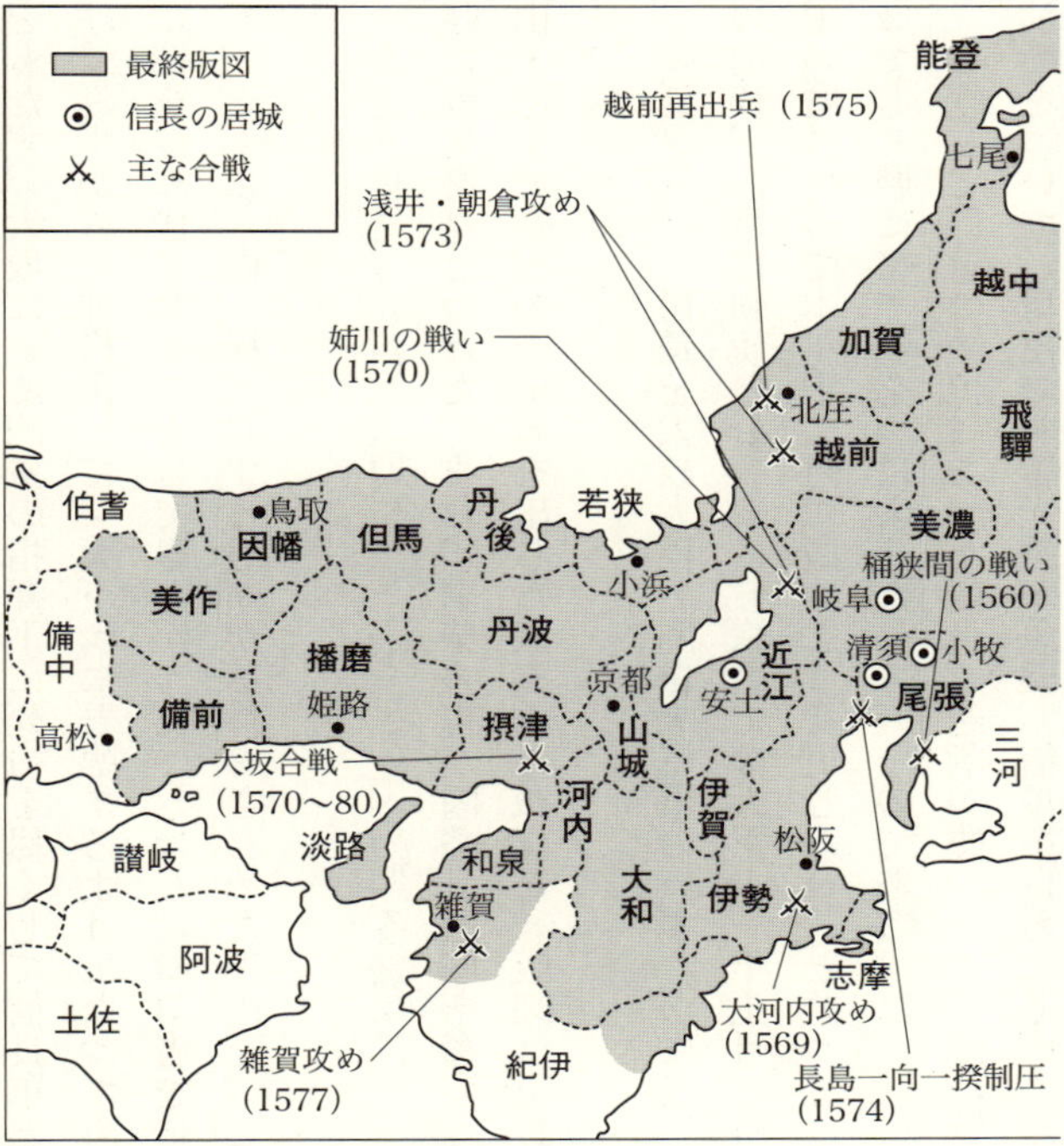

図 3-3　織田信長の最終版図（池上裕子氏作成）

九鬼氏の建造になる鉄甲の巨船を投入した信長軍が勝利を収めた。信長は続いて翌年に摂津有岡《ありおか》（伊丹《いたみ》）城の荒木《あらき》村重《むらしげ》、翌々年に播磨三木《みき》城の別所《べっしょ》長治《ながはる》と、本願寺・毛利方に転じたかつての部下を撃破した。ついに同八年（一五八〇）、本願寺は石山を自焼して退去し、十四年におよぶ信長と一向一揆との死闘は終わった。

　一向一揆は加賀国をのぞいて定まった支配領域

をもたず、大坂にいる門主の指揮下に死力を尽くして信長軍と戦った。信長が急速に版図を広げ、みずからを神格化して「天下」に君臨するようになっても、阿弥陀仏にのみ帰依する一向宗徒をひれ伏させることはできなかった。しばしば敵対者を皆殺しにした信長の戦術にあっても、とくに一向一揆に対する処断が凄惨をきわめた理由を、このあたりに見いだすことができよう。

天正九年（一五八一）、信長は安土と京都で馬揃《うまぞろ》え（騎馬隊のパレード）を挙行して、見物する貴賤に威光を見せつけた。また、羽柴《はしば》秀吉が因幡《いなば》鳥取《とっとり》城を奪い、毛利氏を威圧した。翌年には織田・徳川連合への内応者を出した武田氏を滅ぼし、版図は上野・甲斐から因幡・美作・備前にまで広がった（図3-3）。

朝廷からは、信長を太政《だいじょう》大臣・関白《かんぱく》・将軍のいずれかに任じる意向が示された。本能寺《ほんのうじ》の変の前夜、信長は勅使と公家衆に、京暦《れき》では天正十一年正月に置くことになっている閏《うるう》月を、東国の暦に従って本年十二月に置くよう変更したい、と語っている。天皇にわずかに残された聖域である暦にまで手をつけようとしていたのである。

こうして得意の絶頂にあった信長を悲劇が襲った。手薄な警備で洛中の本能寺に宿をとった油断をついて、重臣の明智《あけち》光秀《みつひで》が急襲、信長を自刃に追いこんだ。享年四十九。あまりにもあっけない最後だった。

フロイスは信長の性格をつぎのように描写している（『日本史』第一部八十三章）。

> 彼はわずかしか、またはほとんどまったく家臣の忠言に従わず、一同からきわめて畏敬されていた。……彼は日本のすべての王侯を軽蔑し、下僚に対するように肩の上から彼らに話をした。そして人々は彼に絶対君主に対するように服従した。

信長はあとから政権に加わった者に信をおかず、機会をとらえてはとりつぶし、結局は譜代《ふだい》優先をつらぬいた。版図の支配においては、家臣に封土《ふうど》として委ねる体制を創出せず、全土が信長の専制的処分権のもとに置かれ、譜代に管理を任せた。光秀は美濃土岐《とき》氏の分かれで、足利義昭の臣下から転じた経歴があり、譜代とはいえない。事変の背景や光秀の動機については諸説乱立だが、一説によれば、信長と土佐の長宗我部《ちょうそかべ》元親《もとちか》との取次役を任されていた光秀が、別人によって四国経略が進められようとする状況に恐怖のあまり、反逆を決断したのではないかという。

2　豊臣秀吉の国内「征伐」戦争

四国と九州、関東と奥羽

豊臣秀吉は、天下人へと駆けあがっていく織田信長の信頼をえて、近江長浜《ながはま》の城主となり、さらには毛利氏攻略の前線責任者として中国地方に出陣した。天正十年(一五八二)備中高松《たかまつ》城を攻撃中に本能寺の変を知って、いち早く畿内へひきかえし、山崎《やまざき》の戦いで光秀を破って、信長の後継者争いの先頭に立った。同十一年、織田家宿老柴田《しばた》勝家《かついえ》を滅ぼして北陸を手中に収め、ついで交通の要衝である大坂の石山本願寺跡地に城を築いた。同十二年、信長の同盟者であり最大のライバルと目された徳川家康と、小牧《こまき》・長久手《ながくて》の戦いを経て和睦し、当面の衝突を回避した。同十三年には関白に就任、翌年には太政大臣も兼ねる。

そのころ四国では、土佐の長宗我部元親が四国全体をほぼ統一する勢いで、織田信雄《のぶお》・徳川家康と結んで秀吉を東西から圧迫する形勢となった。秀吉と元親は妥協の道を探ったが、土佐以外の三国を返上して伊予を毛利氏に渡す等の領土要求は、長宗我部氏の受け入れられるものではなく、天正十三年(一五八五)五月戦端が開かれた。秀吉軍は、宇喜多《うきた》秀家《ひでいえ》らが讃岐、羽柴秀長《ひでなが》が阿波、毛利勢が伊予と、三方から攻めこみ、元親は七月にいたり降伏する。元親には土佐一国が安堵され、家康との同盟は禁じられた。

九州では、薩摩の島津氏が領国を拡大し、隣接する豊後大友氏を圧迫したので、天正十三年、大友氏は秀吉に訴え、朝廷の権威を振りかざす秀吉から両氏に対して停戦が命じられた。大友氏はただちにこれを受け入れたが、島津氏は戦争をやめず、翌年大友氏に対して圧倒的な勝利を収め、九州全土をほぼ統一するにいたった。秀吉は両者の争いに介入し、島津が大友から奪った領土の返還を条件に和平するよう要求した。島津氏がその受け入れを拒否すると、天正十五年秀吉はみずから出陣して薩摩にいたり、島津義久を屈服させ、義久には薩摩、弟義弘《よしひろ》には大隅が安堵された。

そして関東では、天正十七年、小田原北条氏と真田《さなだ》氏との上野における境界紛争が、秀吉の調停によって和解したさい、秀吉は当主北条氏直かその父氏政が上洛して謝恩するよう要求した。しかしそれが実現されないまま、北条氏が上野の名胡桃《なぐるみ》城を真田氏から奪取する事態となり、秀吉はこれをみずからの裁定に従わない「私戦」だとしてとがめ、宣戦を布告した。これに対して北条氏が防備を固めると、翌年に全国の大名に命じて二十五万以上の兵を動員し、みずからも小田原に乗りこんで、半年以上の籠城戦の末、天正十八年七月、北条氏直以下の一族を全滅させた。こうして豊臣政権は関東を支配下に収め、北条氏の遺領を与えられた徳川家康は江戸城に入部する。

いっぽう奥羽の伊達《だて》氏は、天正十七年会津《あいづ》を征服して蘆名《あしな》氏を滅ぼしたことを、秀吉からとがめられていた。小田原への出陣命令にもすぐには従わず、翌年の開戦後も形勢を観望していたが、北条氏不利の情勢をさとって、参陣を決意した。小田原陣の終結後、秀吉は会津黒川《くろかわ》城(会津若松市)まで進駐し、会津を蒲生氏郷《がもううじさと》に与えたうえで、伊達政宗に陸奥・出羽のうち十三郡を安堵した(奥州仕置《しおき》)。

「秀吉の平和」と惣無事の論理

こうして秀吉は、戦国の世を生き抜いた大名たちの最後の勝者となった。その勝利は、相手を軍事的にたたきつぶすことよりは、圧倒的な軍事力と経済力を背景に「秀吉の平和」を強制することに、より大きく負っていた。天正十三年(一五八五)の「四国征伐」と同十五年の「九州征伐」では、長宗我部氏と島津氏は秀吉の圧力に屈したために生き残り、前者は大坂の陣で豊臣方に属して滅亡したが、後者は近世大名として江戸時代を生きぬいた。同十八年の「小田原征伐」では、北条氏はあくまで抵抗の姿勢を崩さなかったために滅び、伊達氏は秀吉に臣従の意を示して滅亡をまぬかれた。これらの経緯から、戦国大名同士の領土争いを原則として否定し、領土配分(国割《くにわり》)は秀吉の専断事項とする、という秀吉政権の論理を知ることができる。

秀吉は関白となった天正十三年、大友氏と交戦中の島津氏に対して、「国郡境目相論《こくぐんさかいめそうろん》」（大名相互の境界争い）は自分が裁定する、それに従わずに戦闘を継続した者は「天下静謐《せいひつ》」に敵対する私戦とみなして成敗する、と通告した（『島津家文書』）。この論理はのちに「惣無事《そうぶじ》」と表現され、北条氏と真田氏、伊達氏と蘆名氏の紛争にも適用されていく。領国拡張戦争は、戦国時代には大名たちの当為《とうい》とされ、ためらう者は臆病者と嘲られかねなかったが、一転して国家的反逆とされたのだ。こうした国家意思の強制にあたって、秀吉はつねに勅命《ちょくめい》や叡慮《えいりょ》をもちだしたが、それは天皇の人格に発するというよりは、「天道の正理」の具現という抽象的なものだった。

天正十八年四月、秀吉は小田原の陣中より真田昌幸《まさゆき》に宛てて、「小田原一城にて関東一篇に討ち果たさる事に候、落去《らっきょ》程有るべからず候、長陣《ながじん》成され、城内の奴原《やつばら》悉《ことごと》く干《ひ》殺《ごろ》しに仰せ付けられ、出羽・奥州・日の本の果て迄も相改められ、御仕置等堅く仰せ付けらるべく候」と述べた（「安得虎《あんとくこ》子《し》」）。御仕置すなわち「秀吉の平和」の強制に、地理的限界があるとは意識されていない。秀吉は国の内外の差をほとんど自覚していなかった。

天正二十年（文禄元、一五九二）に戦端が開かれた朝鮮侵略も、まったくおなじ論理を「唐《から》・天竺《てんじく》まで」おしおよぼそうとしたことから始まった。この戦争は、圧倒的な軍事力に対する強烈な自負を原動力とし、明朝＝中華を中心とする世界秩序をひっくり返して、自分こそが世界の中心に座るのだ、というビジョンに基づいて遂行された。

物量がモノをいう時代

小田原陣における秀吉軍の勝利は、動員した兵力の差もさることながら、その兵力を支える物資の徴発と輸送、すなわち兵站《へいたん》の能力の圧倒的な差によるところが大きい。秀吉政権は、支配下に収めていった大名の領国内に、直轄地としての「蔵入《くらいり》地」を設定し、そこから兵粮米をはじめとする戦費を調達した。もちろんそのほかに、各大名の領知高に応じた軍役が課された。天正十七年（一五八九）の開戦決定にさいして、米・雑穀二十万石余を徴発し、ほかに直轄鉱山で産出した黄金一万枚を投じて米を買い集めたといわれる。財力でくらべれば、開戦前に勝負はついていたようだ。

そのような財力の背景にあるのが、全国的な経済環境の平準化である。まず、経済力を計量化するために度量衡《どりょうこう》の統一がはかられ、これによって統一基準による「太閤《たいこう》検地」を実施する環境が整った。曲尺《かねじゃく》の六尺三寸を一間《けん》（約一九一センチメートル）とする検地竿が用いられ、一間四方を一歩《ぶ》、三百歩を一反《たん》とした。中世では三百六十歩＝一反制だったから、これは経済の基礎部分における大きな変革だった。また、米穀の量をはかる枡《ます》は、中世では使用される場面や地域ごとに異なる容量のものが使われていたのを、京枡で統一した。通貨としては、世界最大級の金貨といわれる「天正長大判《ながおおばん》」以下の金銀貨が造られたが、これは主として贈答用で市場には出回らなかった。ただし、国家権力による法定通貨の復活という点で意味がある。統一への動きとしては、天正十八年に永楽銭《えいらくせん》と鐚銭《びたせん》の交換レートを定めたのがめだつ程度である。

そしてくわしくは第五章3で述べるが、各地の港町の有力海運業者が、それぞれの地域の大名を通じて兵站輸送に動員され、しだいに全国規模の海運ルートが政権のもとに掌握されていった。小田原陣の終盤、徳川家康の家臣榊原康政《さかきばらやすまさ》は加藤清正《かとうきよまさ》に宛てて、「日本国より商人集まり来り候、国々の名物、津々浦々の魚肴、唐土《とうど》・高麗《こうらい》の珍物、京・境の絹布、一として売買せざるは無し、京田舎の遊女は棟を烈《なら》べて小屋を掛け、小屋の門前は市を成し、扨《さて》又御兵粮は千石・二千石の大船、一万余艘連々之《これ》を送り、絶間《たえま》無《な》く候」と書いた(『松平義行所蔵文書』)。そして二年後、朝鮮を見すえた名護屋城下の情景は、その一定の帰結だった。常陸佐《さ》竹《たけ》氏の家臣平《ひら》塚滝俊《つかたきとし》は「町中、京・大坂・さかいのものども、ことごとく参《まいり》つどい候間、何にてものぞみのもの候」と国元に書き送っている(『佐竹旧記』)。

キリシタン禁令と貿易振興策

一五四九年ザビエルが鹿児島に来て伝えたキリスト教は、はじめの十年間ほどは、九州沿岸地域の一般庶民層——史料には「貧民」「下層の者と伝染病患者」などとある——が信徒の中心で、その数は六千人ほどにすぎなかった。

その後、大村・有馬《ありま》・大友・高山《たかやま》等「キリシタン大名」の改宗と領民誘導によって急激に信徒をふやし、一五八七年に信徒二十万、教会数二百を数え、一六〇〇年前後にはイエズス会司牧下の信徒だけで三十万、一六一四年禁教令のころには他の修道会系をふくめた信徒総数が五十万にも達した。

一五八六年、イエズス会日本準管区長コエリョは、秀吉から明・朝鮮征服の意図を聞き、軍船二艘の供与を申し出た。逆に翌年、秀吉がバテレン追放令を発すると、キリシタン大名に軍事援助を行なって秀吉への抵抗を組織しようともくろんだ。ここに布教と軍事の一体性が示されている。

じっさい、「南蛮舟」が着くたびに「日本仁《じん》を数百男女によらず黒舟へかい取、手足ニ鉄のくさりを付、舟底へ追入、……其近所の日本仁、何《いずれ》も其姿を学《まなび》、子をうり親をうり妻女をうり候」といった状況が生まれていた（『九州御動座記』）。また、一五八〇年に大村純忠が長崎と茂《も》木《ぎ》をイエズス会に寄進したことは、信仰心からとはいえ、日本の土地の領主権をヨーロッパ勢力が握ったことを意味する。

天正十五年（一五八七）九州に「動座《どうざ》」した秀吉は、こうした状況を日本の危機と捉え、ただちに五か条からなる「バテレン追放令」を発した（「松浦文書」）。「日本は神国であるのに、キリシタン国の者が日本人に邪法を授けることは、決してあってはならない」という第一条に始まり、第三条まででキリスト教の布教を禁止し、宣教師は二十日以内に国外に退去するよう命じている。ところが、第四条では「黒船（ポルトガル船）の商売は保障する」、第五条では「仏法の妨げをしないかぎり、商人はもちろん、だれでもキリシタン国からの来航を許す」として、貿易振興策をうちだしている。

図 3-4　日本二十六聖人記念碑（写真提供，(社)長崎観光連盟）
処刑場の跡地（長崎市西坂町）に 1962 年建立された．

このように秀吉は布教を貿易からきりはなして禁止する方針をうちだしたが、イエズス会は期限内の船出は不可能と主張して退去を先のばしにした。宣教師の布教活動とポルトガル商人の貿易活動とは分かちがたく結びついていたので、宣教師の協力なしに貿易振興策は機能しなかった。秀吉は翌年に長崎の教会領を没収して直轄領としたが、いっぽうで宣教師たちの滞在は許さざるをえなかった。こうして禁教令は骨ぬきとなり、発令後も宗義智《よしとし》らのように、政権内部にさえキリシタンになる者が少なかった。

こうして、商教分離策には曖昧さを残したまま、秀吉はポルトガル船の来航を奨励し、かれらが長崎にもちこむ中国産生糸の一括買い上げを行なって貿易の利を独占した。さらにその方式を、諸大名の領国の港に来航した船にも適用していく。

宣教師追放は後方に退いたかに見えたが、秀吉のキリシタン憎悪が消え去ったわけではなかった。文禄三年(一五九四)には長崎でキリシタンの処刑を行ない、慶長元年(一五九六)には日本ではじめての殉教事件を起こすことになる(二十六聖人殉教、図3-4)。結局、商教分離の矛盾は江戸幕府によっても解消されず、苛酷な信徒弾圧をくりかえしながら、いわゆる鎖国政策を通じてキリシタンを国内から根絶する方向へとむかわざるをえなかった。

3 「唐入り」への道

十六世紀の日朝外交と対馬

一五一〇年の三浦《さんぽ》の乱で、対馬の宗氏はみずからの命綱である対朝鮮交易の権益をすべて失った(第一章1参照)。必死の交渉の結果、二年後に対馬と朝鮮との間に復交条約(壬申約条《じんしんやくじょう》)が結ばれたが、乃而浦《ネイポ》が入港場として開かれただけで、それも居留は禁止された。一五二一年に釜山浦《プサンポ》が開かれて二港となったが、一五四四年に起きた倭寇事件で対馬・朝鮮関係が再度断絶し、四七年の条約（丁未《ていび》約条）で復交したさいに、釜山浦だけが入港場として認められた。これが江戸時代の釜山倭館につながっていく。

しかし、壬申約条で回復された交易の規模は、乱以前にはとうていおよばなかった。年間五十艘だった島主の歳遣船《さいけんせん》は半減され、島主以外の歳遣船と、島主が歳遣船以外に随時送れる特《とく》送船《そうせん》はともに廃止されてしまう。その不足分を補ったのが、偽造の「日本国王印」を捺した国書をもたせた「日本国王使」を送りこむという手法だった。偽日本国王使自体は乱以前から出現していたが、以後はその頻度が格段に高くなって、一五一二年から九二年までの八十年間に、二十五回の渡航が確認される。

十六世紀なかばの大内氏滅亡は、日明関係だけでなく日朝関係にもすこぶる大きな影響をもたらした。朝鮮と「日本国王」との関係はすでに偽使の横行により虚構化していたが、はるかに距離が近く実質的な意味も大きい大内氏との関係は、西日本諸勢力による通交の統制という点でも、日本国内の情報入手という点でも、朝鮮にとって他に替えがたい価値があった（むろん大内氏名義の使者にも偽使は混じっていたが）。

その大内氏が消えてしまうと、朝鮮に入ってくる日本情報は、ほとんどすべてが対馬を経由したものになる。しかし対馬が伝える情報には、対馬にとって有利なように手が加わっていた。とくに日本国内の混乱を誇張して伝えて、朝鮮が日本に直接使者を送ることを阻止し、偽使創出の現場が露見するのを防ごうとした。

大陸への出兵をもくろんだ豊臣秀吉は、とりあえず対馬の宗氏に朝鮮との交渉を命じた。対馬は生活や経済を朝鮮との貿易に依存していたうえに、朝鮮国王から年ごとに数万石《せき》の米をもらっていた。その宗氏からすれば、「朝鮮国王は日本の内裏に出仕して服属を誓え」という秀吉の傲岸な要求を、そのまま伝えられるはずもない。対応に窮した宗義智は、みずから渡海して、秀吉の日本統一を祝賀する使節を派遣するよう、朝鮮国王に求めた。

天正十八年（一五九〇）七月にその使節が来日したが、秀吉は小田原の陣中にあり、聚楽第《じゅらくだい》での会見が実現したのは十一月になっていた。秀吉に宛てられた朝鮮国王からの国書は、宗氏の依頼に応じて秀吉の天下統一を祝賀するというものだった。これを日本への服属を誓う使節と思いこんでいた秀吉は、外交儀礼を無視した無礼な対応をした。

江戸時代に編纂された外交文書集『続善隣国宝記《ぞくぜんりんこくほうき》』に、このとき秀吉が朝鮮政府に宛てた返書の内容が記録されている。

私が母の胎内にいたとき、母は日輪《にちりん》が懐中に入る夢を見、これを占い師がこう予言した

——「この胎児が成人の暁には、日光のおよぶ所すべてを治めることになろう」。だから私は百戦百勝して天下を統一し、日本国は豊かになり、都はかつてなく壮麗になった。私はこれに満足せず、明に入って日本の風《ふう》を中国全土におよぼし、明と周辺諸国を導いていくつもりだ。朝鮮は、他の諸国に先駆けて日本に入朝せよ。わが望みは三国（日本・朝鮮・中国）に名をとどろかすことだ。

図 3-5　釜山鎮殉節図（韓国陸軍博物館所蔵）
海を蔽った日本の軍船．背後の丘にはまもなく釜山倭城が築かれた．18 世紀．対になる「東莱府殉節図」もある．

朝鮮がまっさきに日本に服属する意思を示すよう命じるとともに、明征服の意図をあらわにしたのだ。朝鮮使節は返書の文言と要求内容に驚き、憤慨しつつ、翌年に帰国して国王にことの次第を報告した。朝鮮側は秀吉の意図をはかりかねたが、最終的に秀吉が明征服の軍を送ることなどありえないと判断してしまう。

朝鮮使節を服属の使節と偽って秀吉にひきあわせた宗義智は、秀吉の「朝鮮を説得して明征服の道案内をさせよ」という指示によって、さらに窮地に陥った。宗氏は帰国する朝鮮使節に使者を同行させ、秀吉の「征明嚮導《きょうどう》」の命とは、「仮途《かと》入明」すなわち明へ朝貢する道を朝鮮に借りたいという意味だ、と苦しい弁明を試みた。

他方、朝鮮のもつ日本情報ルートが対馬に局限された結果、日本で戦国動乱が終息にむかい、織豊政権のような強大な統一権力が頭をもたげていたことについて、朝鮮はなにも知らなかった。一五九二年、秀吉軍十六万が釜山におしいったとき、朝鮮側はやや規模の大きい倭寇くらいにしか考えていなかったのである(図3-5)。

海賊停止令にこめられた真意

天正十六年(一五八八)七月、秀吉は刀狩り令と同時に海賊停止《ちょうじ》令を発した。刀狩り令は、「諸国百姓」に対して「刀・脇差・弓・鑓《やり》・鉄砲、そのほか武具の類の所持を堅く停止」という、一般人民の武装解除を命じた法令だが、海賊停止令はつぎの三か条からなる(『小早川《こばやかわ》家文書』等)。

一、諸国の海上において賊船は堅く停止する。

一、国々浦々の船頭・漁師ら船を使う者については、その地の地頭や代官が調査して、今後海賊行為は行なわないという誓約書に連判をさせたうえで、大名はそれをとりまとめて秀吉に提出せよ。

一、今後、海賊行為を行なう者があれば、秀吉みずから成敗し、その地の給人・領主の在所や知行は永久に召し上げる。

秀吉は二つの法令によって、陸上・海上を問わず日本の全領域で武力を掌握するのは自分だ、と宣言したのだ。あわせて、海賊停止令には二つの大きな意味があった。

一つは、国内の海域だけでなく、東シナ海域での海賊(倭寇)活動のとりしまりも秀吉の視野に入っていたこと。天正十九年(一五九一)六月に直轄領長崎津に宛てた朱印条書では、喧嘩刃《にん》傷《じょう》、取引価格や使用するハカリをめぐる紛争について、違反者は異国人であっても厳罰に処すると定め、例外規定として、日本人と「南蛮船・唐船」の者が争ったばあい、理非五分五分ならば日本人を敗訴とする、としている。また、同年九月に鍋島《なべしま》・加藤・黒田《くろだ》・毛利の四大名に宛てた朱印状では、インド・中国・朝鮮からの貿易船が自由に日本へ寄港してよいことを再確認したうえで、今回薩摩で「南蛮黒船」が「商売之唐船」に違乱におよんだことをとがめ、厳重な警告を発している(『鍋島家文書』)。こうした施策の結果、東シナ海域での倭寇の活動はほぼ終息したとみられる。

もう一つは、朝鮮と明への出撃態勢を整える狙いがあったこと。第二条では、「国々浦々の船を使う者」すべての調査を大名たちに行なわせたうえで、その結果を秀吉に提出せよと命じている。これまで商船から警固《けいご》料などを徴収していた海賊衆の特権を剝奪し、豊臣政権に服属する大名権力となるか、もしくは大名権力に従属する家臣となるかを迫り、かれらを統一政権下の軍事機構に組みこんでいったのだ。

「処女の如き大明国」

日本国内の統一を成就した豊臣秀吉は、その勢いをそのまま東アジア、東南アジア、さらにはインドまでおよぼして、世界征服をもくろんだ。この企図は明らかにアジアの伝統的な外交秩序への挑戦であり、みずからを中華皇帝をも凌駕する存在とする自意識に裏づけられていた。文禄の役の初戦、ソウル陥落の知らせに狂喜した秀吉は、陣中の大名たちにこう書き送っている。「汝等《なんじら》の如きは、数十万の軍卒を将《もっ》て、処女の如き大明国を誅伐すべし。山の卵を圧《つぶ》すが如かるべき者なり。啻《ただ》に大明のみに匪《あら》ず、況《いわん》や亦天竺・南蛮も此《かく》の如かるべし」（『毛利家文書』）。

本章1で述べたように、織田信長も武力で明を征服するという発想をもっていたが、秀吉が大陸への野望を公言した最初は、関白になった直後の天正十三年（一五八五）九月、家臣の一《ひとつ》柳《やなぎ》末安に宛てて、「秀吉日本国は申すに及ばず、唐国迄仰付《おおせつけ》らるる（支配する）心に候歟」と表明した書状だ（「小松一柳文書」）。「唐国まで」ということばどおり、最初から目標は明にすえられていた。その後、宣教師などにたびたびおなじ旨が語られている。

この構想は、島津氏征討の天正十五年ごろには世間でも噂されだしていた。奈良興福寺の多《た》聞院英俊《もんいんえいしゅん》は「高麗・南蛮・大唐マテも可切入《きりいるべし》ト聞ヘタリ。抑《そもそも》大篇の企、前代未聞也」と日記に記している（『多聞院日記』）。九州制圧直後、秀吉は妻のおねに宛てた書状で、明侵略の布石として朝鮮国王へ指令を発したことを告げている（「妙満寺文書」）。

ゆき《（壱岐）》・つしまのくにまで、人ぢちをいだし、しゆしん《（出仕）》申事、又こうらいのほう《（王？）》まで、にほんの大り《（内裏）》ゑしゆしん可申《もうすべき》よし、はやふねをしたて申つかわせ候。しゆし不申《もうさず》候はゞ、らいねんせいばい可申よし申つかわせ候。からこく《（唐国）》までてにいれ、我等一ご《（期）》のうちに申《もうし》つく可《べく》候。

天正十七年（一五八九）、琉球の使僧が薩摩に来航した。使僧は島津義久の案内で上洛し、聚楽第で秀吉に謁見した。ついで翌年、朝鮮の通信使が宗義智に導かれて上洛し、聚楽第で秀吉と対面した。秀吉はこれらの使節到来を、一方的に服属の意思表示と見なした。もともと琉球は薩摩に、朝鮮は対馬に従属しているというのが、かれの認識だった。

朝鮮侵略に従軍した吉野《よしの》甚五《じんご》左衛門《ざえもん》の覚書に、朝鮮半島のつけ根部分を、日本では「ゐぞ」、明では「だつたん」、朝鮮では「をらんかい」とよんでいるとある。加藤清正のオランカイ侵入を通じて、秀吉は蝦夷島のむこう側にいる韃靼《だったん》=女真族への警戒心をもつようになった。それが蝦夷地をおさえる蠣崎氏(のちの松前氏)の臣従を歓迎し、政権にとりこんだ理由だった。はなはだ自己中心的で希望的観測を交えたものだったが、秀吉は以上のように明、琉球、朝鮮、蝦夷地との関係を設定する構想を描いていた。朝鮮への出兵は、かれの主観においては、海賊を禁圧して「勘合」復活を求めたのに応じない明と、その明への軍事行動を先導することを拒否した朝鮮を、懲罰するのが目的だった。

初戦の快進撃もつかのま、戦争は泥沼化し、文禄二年(一五九三)日明間の講和交渉のため明使が日本に到来した。この旗色の悪い状況を、高山国《こうざんこく》に宛てた書簡で、秀吉はつぎのように語っている。「大明、数十万の援兵を出だし、戦闘に及ぶと雖も、終《つい》に其の利を得ざるに依り、勅使を本邦肥之前州(肥前国)に来《きた》らせて降を乞ふ」(『異国往復書翰集』)。

天竺・南蛮までも

秀吉は朝鮮での開戦前より天竺・南蛮に触手をのばしていた。天正十九年(一五九一)七月にゴアのインド副王に送った書簡(宣教師の保護を要請した一五八七年の副王書簡に答えたもの)で、日本統一の壮挙を誇り、「目前の明征服が成就すれば、その勢いでその地まで赴くであろう、神国たる日本に送りこまれた伴天連《バテレン》の徒は殲滅する」と脅した。

同年九月にルソンのフィリピン諸島長官に送った書簡では、「私は誕生時に天下を治むべき奇瑞があったが、はたして日本を統一し、朝鮮・琉球を従え、今や大明を征せんとしている、汝は来春名護屋城に参ぜよ、遅滞すれば成敗を加える」と告げた(『異国往復書翰集』)。

右の奇瑞というのは、さきにあげた天正十八年の朝鮮国王宛書簡にはじめてあらわれるもので、わが母は懐胎時に日輪が懐中に入った夢を見、これを相士が「日光の照らさざる所なきがごとく、天下は胎児一人に帰するであろう」と占った、という内容である。文禄二年(一五九三)の「大明勅使に告報すべき条目」や、同年の高山国宛書簡にも見える。

もともとこの「日輪受胎」説話は、中国の歴代王朝、とくに遊牧系の北方民族王朝に類例がある。始祖による創業の正しさを運命論的に語るものだ。この言説を流布させることで、秀吉はかれの外交文書の多くに見える中国風の天命思想に加えて、その中国をすら乗り越えようとする選ばれた自己を、アジアの諸勢力にアピールしようとしたのだ。

右にあげた数通の秀吉外交文書は、「南蛮貿易から朱印船貿易へ」という文脈で語られることが多い。しかしその基調は、貿易を求めるというより、高山国に宛てた書簡に「若し是れ来朝せざれば、諸将をして之を攻伐せしむべし」とあるように、服属の意思表示と入貢を要求し、それが実行されなければ兵を送るぞ、という脅しにある。朝鮮で戦端を開いたさいの論理と共通するものだった。インド副王宛の書簡にこの内容が見えないのは、キリスト教布教の許否という論点に絞った返書だったからだろう。

朝鮮での戦況が悪化して明進撃が夢と化し、占領地を確保したうえで対明和議にもちこむことに目標が移ると、秀吉外交文書の基調も変わってくる。慶長二年（一五九七）のフィリピン諸島長官宛返書は、神国日本、伴天連《バテレン》厳禁をいいつつも、「本朝と交義を堅めたいのなら、異端の法を説かずに、海商を往還させるべきだ。今後商船には予が押印した一書をもたせよう。そうすれば海陸に少しの難儀もないであろう」と述べる（『異国往復書翰集』）。翌年に秀吉が死んで実現はしなかったが、家康時代の朱印船貿易とよく似た構想がうかがわれる。

第四章　十六世紀末の「大東亜戦争」

1　文禄の役開戦と三国国割構想

天正十八年(一五九〇)、豊臣秀吉は小田原の陣中よりつぎのような文書を北条領国の各郷村に発した(「間宮文書」)。

外交不在の秀吉外交

禁制　　相模国西郡
　　　　金子郷

一、軍勢甲乙人等濫妨狼籍事

一、放火事

一、対地下人百姓非分之儀申懸事

右条々、堅令停止訖。若於違犯輩者、速可被処厳科者也。

天正十八年四月　日○(秀吉朱印)

これは「禁制《きんぜい》」とよばれる様式で、配下の軍勢に一定地域での不法行為を禁じる旨を公示することを通じて、その地域への支配権を明示する機能をもった。相模国西郡《にしぐん》金子《かねこ》郷は現在の神奈川県大井町内で、小田原にほど近い地である。

もう一通、つぎの文書を見よう（「尊経閣文庫所蔵加藤文書」）。

禁制　　　高麗国
一、軍勢甲乙人等乱妨狼藉事
一、放火事
一、対地下人百姓非分之儀申懸事
右条々、堅令停止之訖。若違犯之輩於有之者、速可被処厳科者也。
天正廿年正月　日〇（秀吉朱印）

一目瞭然なように、地域名と日付以外はまったくおなじ様式、ほとんどおなじ文言で、筆跡までおなじだ（図4-1）。この禁制は、文禄の役開戦の三か月前、加藤・鍋島ら朝鮮出陣が予定された大名に送られた。「高麗国」を手に入れた暁には、これが朝鮮各地に掲げられる予定だった。さらにこの内容は、開戦直後に八か条の「法度」として具体化され、加藤清正ら大名の判形を据えた文書として朝鮮の「在々」に遣わされ、「地下人」にむけて布達された。

秀吉は「高麗国」を、北条氏支配下の関東と同様の、かつて征服してきた国内諸地域とまったくおなじ感覚で捉えていた。かれは文禄の役の開戦当初、釜山―漢城《ハンソン》（ソウル）―平壌《ピョンヤン》間の一

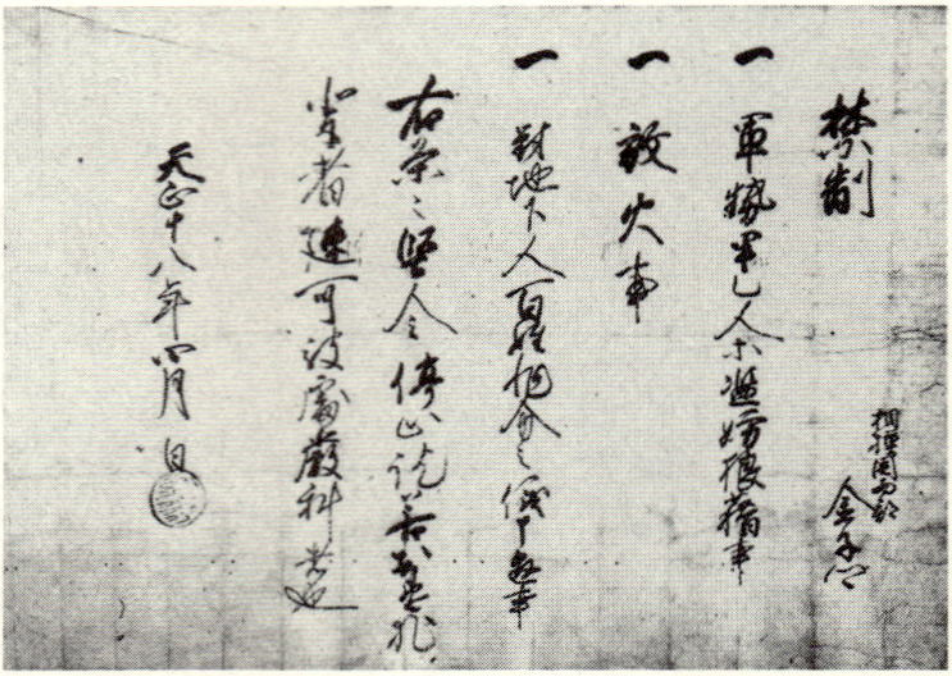

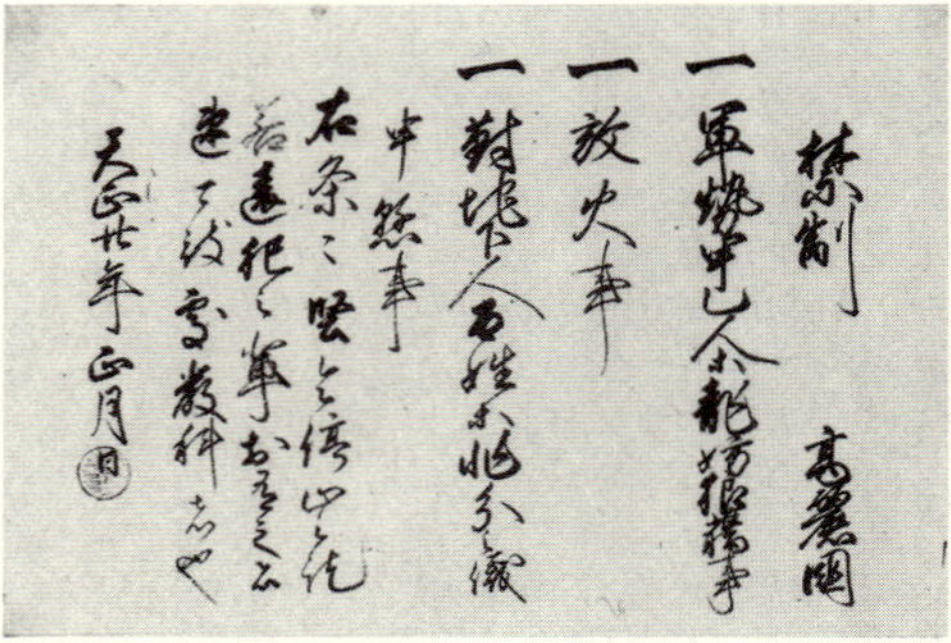

図4-1　秀吉禁制2通（上：個人蔵，神奈川県立公文書館寄託　下：前田育徳会所蔵）

日行程ごとに、みずからが明へ進撃するさいに宿泊する「御座所《ござしょ》」を設営するよう命じた。この命令は、九州征伐時の山陽道について指示したのとそっくりだ。九州が手に入ればすぐに「高麗」に手を伸ばす、という感覚がうかがえる。その間にためらいや意識の変化はない。

国の内外を分かつ認識の希薄さは、開戦後の政策方針にも明瞭にあらわれている。戦端を開いた理由は、秀吉が名護屋到着の当日（天正二十年四月二十五日）に朝鮮在陣中の黒田長政《ながまさ》へ送った朱印状にこう記されている（『黒田家文書』）。

> 朝鮮国王が通信使を派遣して「御礼」（服属の意思表示）を申し、明への道案内を承諾したので、「御赦免を加え」（国の存続を許し）たにもかかわらず、「渡口《わたりぐち》（釜山・東莱《トンネ》）に城郭を構え防戦」におよんだので、やむなく「都」（ソウル）への進撃を命じる。ひとたびは「御礼」を申したことに免じて、国王・通信使は「助け置かれ、堪忍分《かんにんぶん》（扶助料）を仰せ付ける」所存だ……。

さらに占領地の行政についても、「高麗国代官所《だいかんしょ》の儀、……政道・法度已下《いか》、日本置目《おきめ》の如く申し付け、百姓召し置き、年貢・諸成物《なしもの》納めらるべく候」と言う（「尊経閣文庫所蔵加藤文書」）。用語・表現・論理のいずれをとっても、国内で勢力圏を広げていったころの意識と選ぶところがない。

肥前名護屋城の築造

天正十九年（一五九一）、秀吉は壱岐島を目前に見る肥前名護屋（佐賀県唐津市）に築城を開始し、関白職を姉の子である秀次《ひでつぐ》に譲った。城は明の征服をにらんだ朝鮮出兵の出撃基地で、黒田孝高《よしたか》（如水《じょすい》）・長政父子が工事の責任者となった。城の規

図4-2　名護屋城跡(堤勝雄氏撮影)
本丸から壱岐島方面を望む.

模は総面積およそ十七万平方メートルという巨大なもので、大坂城につぐ規模だった。大規模な発掘調査が長期にわたって実施され、県立博物館を備えた遺跡公園として整備されている(図4-2)。

さらに本城から半径三キロの範囲に、全国の諸大名を集めて陣屋を構えさせた。陣屋といっても本格的な城郭で、現在百か所以上の遺跡が確認され、順次発掘調査が行なわれている(図4-3)。徳川家康だけが二か所の陣屋を構え、そのうち本城の前面直下にある一つは、他の陣屋より隔絶して大きい。また、譜代は本城近く、外様《とざま》は周縁部に陣屋を構える傾向が見てとれる。豊臣政権の権力配置が、名護屋城を中心とする小宇宙に如実に現出していた。この日本史上例をみない一大軍事拠点は、およそ五か月で造りあげられた。

本城や城下町、陣屋、道路や港湾などの普請工事には、多くの武士・百姓・職人らが動員された。人が集まれば消費物資が必須となり、そこに商機や雇用が生まれる。常陸佐竹氏の家臣

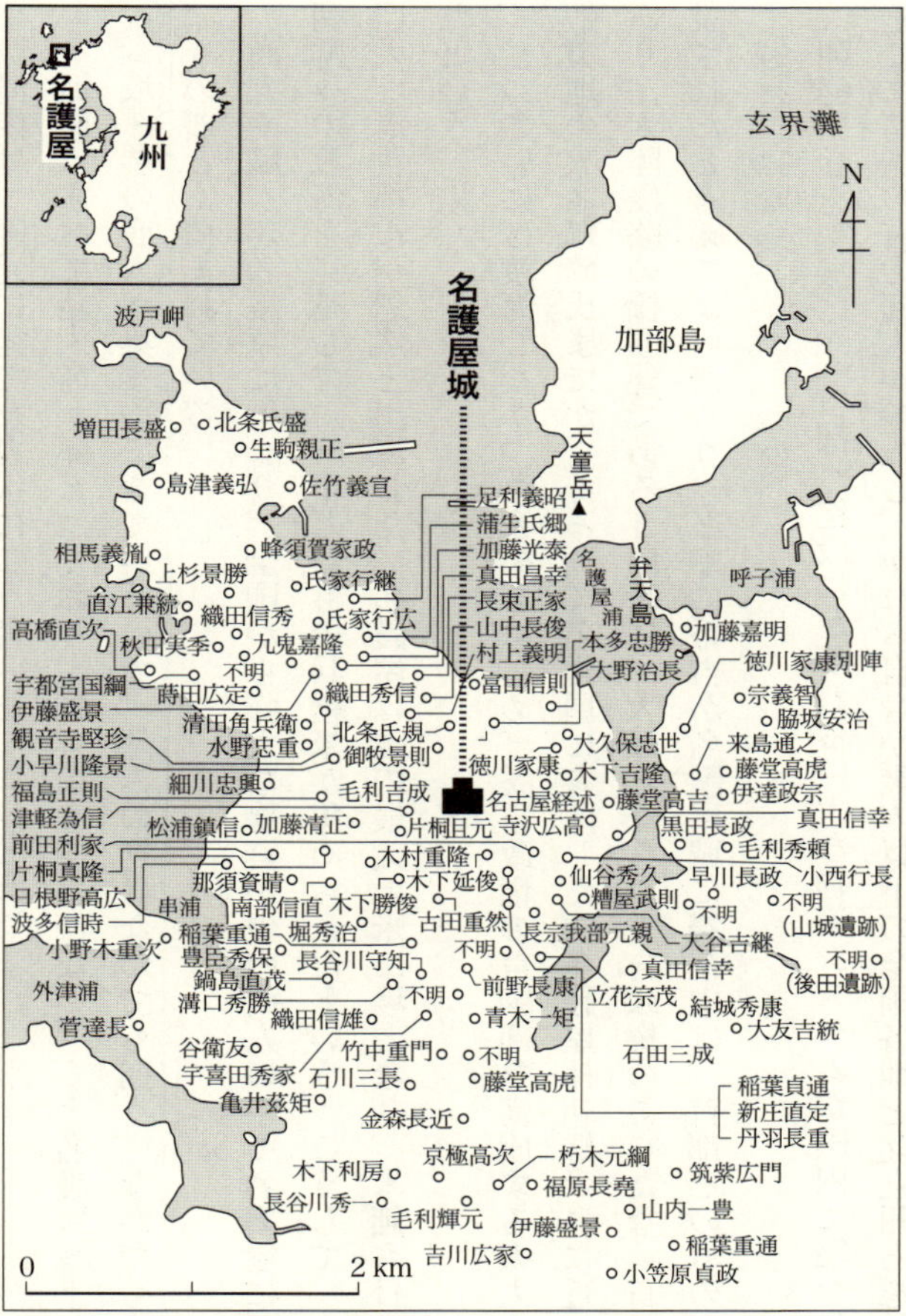

図 4-3　名護屋大名陣跡分布図（高瀬哲郎氏作成）
その稠密度は驚異的だ．各陣の城主は「名護屋古城之図」等の古地図や地元の伝承などを勘案して比定されたが，問題点も残る．

平塚滝俊は、国元に宛てた書状にこう書いた（『佐竹旧記』）。

> 海岸はすべて諸大名が陣どっており、野も山も空きがない。……名護屋城下には、京・大坂・堺の商人が集まってきているので、望みの物はなんでも揃う。なかでも米と飼馬《かいば》は山のごとく積まれている。

商人や職人が名護屋に集まり、全国から膨大な物資が畿内商人の手で名護屋に運びこまれた。朝鮮への渡海を見越して、三十万石もの兵糧米が集められたという。こうして、人口数十万の巨大な消費都市が忽然と出現した。名護屋は国内最大の米市場となり、米価も日本一高くなったという。

じっさいには渡海しなかった家康をはじめ、秀吉政権の首脳部を構成する大大名たちから、蝦夷地の大名蠣崎氏までが、そろって名護屋に参陣した。名護屋は朝鮮半島に近い軍事拠点であり、大陸侵略の橋頭堡であると同時に、大坂とならぶ秀吉政権のあらたな「首都」として建設されたと考えてよいだろう。とくに秀吉が名護屋城に滞在中は、首都そのものだったといって過言ではない。

朝鮮出兵を契機に、「首都」建設にかかわる巨大な物流システムが国内に築かれていった。そこに諸国の有力商人が参入し、かれら自身が畿内以下の全国各地と北九州とを結ぶ物流の担い手へと成長していく。こうしたネットワークが生まれた背景には、中世末から近世初期にかけての国内産業の急成長と生産力の向上があった。そして、物流ネットワークの整備が、逆に商業資本のさらなる成長と肥大化を促した。

中華併呑の野望

天正二十年(文禄元、一五九二)四月、九軍に編成された約十六万の大軍が釜山に上陸した。文禄の役、朝鮮でいう壬辰倭乱《イムジンウェラン》の始まりである。それからわずか二十日ほどで日本軍は朝鮮の王都、漢城《ハンソン》(ソウル)を占領した。五月三日の明け方、小西行長率いる第一軍は東大門から、加藤清正率いる第二軍は別ルートをとって南大門から、ソウルに入城した。ところが、清正から秀吉への報告には二日に入城と記されている。行長に先んじたとして先陣の功績をアピールしたのである。

名護屋で捷報に接した秀吉は、関白秀次宛に二十五か条からなる朱印状を送り、明征服後のマスタープランを明らかにした(「古蹟文徴」)。「三国国割構想」とよばれるそれは、およそつぎのような内容だった。

(1)後陽成《ごようぜい》天皇を北京に移し、都廻りの十か国を料所とする。秀次を大唐関白とし、都廻り百か国をわたす。(2)日本の皇位には良仁《かたひと》親王か智仁《としひと》親王のいずれかを即ける。日本の関白は羽柴秀保《ひでやす》(秀次の弟)か宇喜多秀家を任じる。(3)高麗は羽柴秀勝《ひでかつ》(秀次の弟)か宇喜多秀家に支配させる。

羽柴秀俊《ひでとし》（おねの甥、のちの小早川秀秋《ひであき》）を高麗か名護屋の留守居役とする。宮部継潤《みやべけいじゅん》（御伽衆《おとぎしゅう》）を高麗の留守居とする。

秀吉自身については、側近山中長俊《やまなかながとし》の書状に、「自分は日本の船付き寧波府《ニンポー》に居所を定め、先勢《さきぜい》に天竺近き国（東南アジア諸国か）を与え、そののちは勝手次第に天竺（インド）を切り取らせるつもりだ」という発言が記されている（「組屋文書」）。

この壮大な世界構想は、現在の視点からすれば正気の沙汰とは思えない。日本の皇位、日本の関白、高麗の総督の候補がそれぞれ二人ずつ挙げられていることや、高麗・名護屋の留守居役に混乱が見られることは、思いつきの域を出ていなかったことをうかがわせる。構想の内実は国内統一で行なってきた「国分け」を大規模にしただけで、中華に対する自立意識は認められるものの、明帝国の実態をふまえた具体的統治方針は欠如していた。

しかし、秀吉をたんなる誇大妄想狂としてかたづけることはできない。

これより先、秀吉は亀井茲矩《これのり》に「琉球守《りゅうきゅうのかみ》」を与えていたが、島津氏からの抗議により亀井には替地を与え、琉球は前々のごとく島津の「与力」とした。替地は、天正二十年の朱印状で亀井が「台州守《たいしゅうのかみ》」とよばれていて、中国浙江の台州だったとわかる。「台州守」の称号は三国国割が具体的構想だったことを示唆する。

「日本弓箭《きゅうせん》きびしき国」が「大明の長袖《ちょうしゅう》国」に負けるはずがない、とは秀吉の口ぐせだった。「長袖」とは、長袖《ながそで》の衣服を着る公卿《くぎょう》や僧・神官・学者などを文弱の徒として侮ることばで、日本の武は中華の文に優越するとの意である。朝鮮にいたっては、「高麗人とてぬる山にて候間、誅伐・生捕《いけどり》等一切無用候」と歯牙にもかけない（『黒田家文書』）。この絶大な自信を支えるものは、第一に、動乱の戦国時代を勝ち抜いて覇者となった自己が保有する巨大兵力への自負であり、第二に、神を日本の神祇から天帝に読み替えたうえで「大日本は神国なり」と宣明する独善的神国観であった。

また、秀吉がみずからの居所を中華の都である北京ではなく、寧波に予定していたことも注目される。寧波は、アジアの船が出入りする交易の拠点として知られ、かつては、日本人が中国に行くときにかならず入港した港町だった。秀吉は、この海上交通の要を抑えることで、寧波から伸びる海の道を掌握し、東南アジア方面、さらにはインドにまで進出する機会をうかがおうとしたのだ。

三国国割と〈女＝内〉の役割

秀吉が寧波に居を定めるというプランを記した山中長俊の書状（以下Aとする）は、通常その部分しか注目されないが、じつは秀次宛朱印状（以下Bとする）に匹敵する分量がある（前書プラス十七か条）。女性宛の書状の作法に沿っ

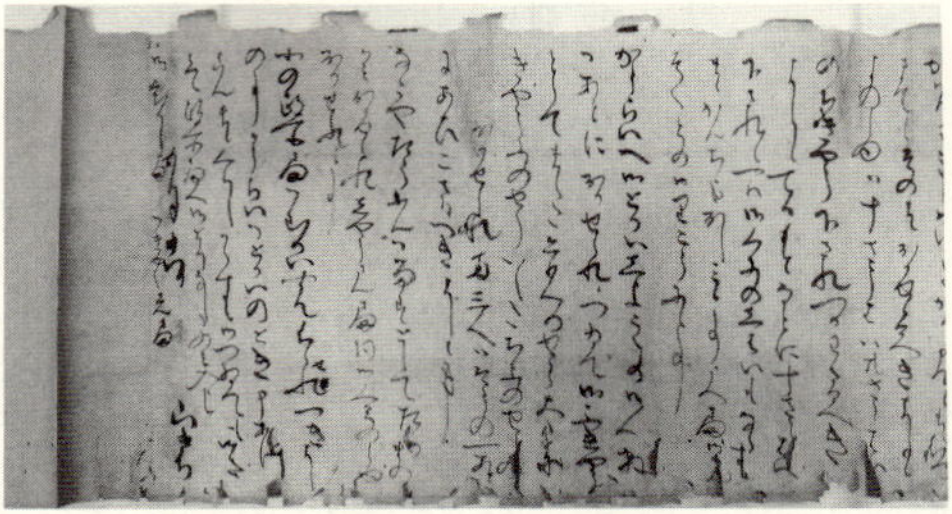

図4-4　山中長俊書状末尾(天正20年5月18日付，小浜市教育委員会提供)
この文書を伝えた組屋家は近世小浜町人筆頭の豪商．

てかなで書かれ、秀吉の正妻おねに仕える女房である「御ひかし(東)さま・御きやくしん(客人)さま」(以下Aはかなに漢字を宛て、濁点を補って引用)に宛てられているが、これは差出の長俊と身分をつりあわせるための礼法上の処置で、実体は秀吉からおねへの通信だ(図4-4)。

長俊が豊臣政権の台所方を預かる経済官僚であること、文書が若狭の豪商組屋《くみや》家に伝わっていることもあわせて考えると、この文書の特徴は「女」ないし「内」の領域に関わるところにあるといえよう。それも留守を預かる家刀自《いえとじ》への書き置きではなく、17条に「北政所《きたのまんどころ》様御迎いやがて(すぐに)参らせられべき由の事、高麗御渡海の時申し上げ候はん」とあるように、秀吉の座所におねをよびよせることを前提としていた。

A・Bをくらべてみよう。Bでは「来年正二月比《ころ》」に予定される秀次の高麗進発(1条)にむけた、船・馬・兵粮・金子《きんす》・随員の準備や「武具之嗜《たしなみ》」に関する内容が、3~15条となかばを占める。16〜21条が「三国国割」の人事を記した著名な部分で、その大要は前述した。2条ではソウルが陥落したので、自分は急ぎ渡海して明を征服し、秀次に「大唐之関白職」を渡す予定だ、とスケジュールを簡潔に述べ、22条では明へ天皇を遷すための準備を指示している。

これに対してAでは、前書・6条・12条で自身の渡海↓ソウル↓北京↓寧波という移座の予定、1・2条で逃亡した高麗国王への対処をくわしく語る。7〜11条にBと重なる国割人事を記す。しかしB19・20・24条の日本関白、日本帝位、平安城・聚楽第留守という京都関係の事項は見えない。逆にA12・13・15・16条の、秀吉寧波移座、東南アジア・インドへの派兵、留守居三奉行の人事、名護屋当分留守の人事は、Bに見えない。すなわち、秀吉渡海後の積極的展開はむしろAに記されているのである。

さらにA14条では、毛利輝元《てるもと》・長宗我部元親・島津義久・大友義統《よしむね》が日本の本領からの移封を望んでいないことを述べ、「余の衆は十層倍、廿層倍の知行下され遣はさるべき由候、輝元などに十層倍下され候へば、御国の支配もならず候まま(思うように領国支配もできなくなるので)、本知を惜しみ候事、上様御満足」という秀吉の「御利口《りこう》」(軽口《かるくち》)までが書かれている。また、A3条には「高麗国中御奉行衆差し遣はされ候、百姓共罷り直り候(元の住所に戻る)様《よう》に仰せ付けられ候、都を始め[　　]所々城々までもそのままこれある事候間《あいだ》、悉く罷り返る由に候」

と、高麗での人民支配政策が見える。

以上のように、三国国割の積極的部分や、人事の機微にふれる部分、占領地支配に関わる部分は、Aにこそ記されている。世界支配構想のなかに〈女＝内〉の領域が組みこまれており、その主宰者におねが想定されていた。

豊臣政権における〈女＝内〉領域の意外な広さは、この前後を通じて認められる。天正十四年（一五八六）、イエズス会日本準管区長ガスパール・コエリョが大坂城を訪れて布教許可を求めたさい、北政所近侍のキリシタン婦人に許可証の案文を託し、北政所の斡旋をへて、首尾よく二通の秀吉朱印状を獲得した（『日本史』第二部七十六章）。翌年の島津攻めで薩摩泰平寺に陣していた秀吉から、大奥の老女こほに宛てた手紙に、「筑前博多へ越し、大唐・南蛮国の船付にて候まゝ（外国船が着く港なので）、城を丈夫に申しつけ、人数のこしおき申すべく候事」「高麗国へ御人数つかはし、かの国にも成敗申しつけ候まゝ、其の間博多に逗留申すべく候事」といった重大事項が記されていた（『豊前覚書』）。

さらに、文禄二年（一五九三）六月に秀吉が示した対明和議七か条に、明の皇女を日本の后妃とするという一項が入っており（本章2参照）、同三年末に講和交渉の日本側代表小《こ》西飛《にしひ》（内藤如《ないとうじょ》安《あん》）が明側に提示した冊封希望者リストにおいて、「関白豊臣秀吉」に「日本国王」、「妻豊臣氏」（淀殿か）に「妃」、「嫡子」（秀頼、二歳）に「神童世子」、「養子秀政（次）」に「都督」兼「関白」が求められた（『経略復国要編』後附）。明皇帝と日本国王との家族ぐるみの関係を、国際関係のなかに定置しようする秀吉の指向がうかがえる。

2　小西路線と加藤路線——日明講和交渉期

戦局の転回と講和交渉の開始

秀吉のさしあたってのもくろみは、朝鮮国王の降伏を受け入れて朝鮮を版図に収め、明への進撃の足がかりとすることにあった。ところが、日本軍がソウルに迫ると、宣祖王はあっさりと首都を捨て、明を頼って朝明国境の義州《ウィジュ》まで逃走した。これは秀吉にとって第一の誤算だった。日本軍は朝鮮の各道へむかう方面軍を編成し、明への通路にあたる平安道《ピョンアンド》は小西行長、女真族の住むオランカイへ通ずる咸鏡道《ハムギョンド》は加藤清正が担当した。

各地で決起した義兵のねばりづよい抵抗と、冊封の論理に基づく明の援軍派遣、そして海戦での劣勢による補給線確保の困難にぶつかって、ほどなく戦況は膠着状態に陥る。なかでも一五九二年七月、慶尚道閑山島《ハンサンド》・安骨浦《アンゴルポ》で日本水軍が李舜臣《りしゅんしん》率いる朝鮮水軍に大敗を喫したことは、日本軍全体に戦略の見直しを迫った。海戦のみでの勝利をあきらめ、半島東南部沿海の要所に城を多数配置し（倭城《わじょう》、本章4参照）、海陸連携して支配領域を確保する策に重点が置かれるようになる。

冊封体制において、明は宗主国、朝鮮は朝貢国である。朝貢国が第三国から攻められたばあい、宗主国は救援の義務を負う。くわえて、秀吉の真の目的が明の征服にあったことを明側も把握しており、みずからの安全保障に関わる危機として認識していた。この情報を明に伝えて警告を発したのは、秀吉によって心ならずも島津氏の「与力」の境遇を強いられた琉球だった。これも明―琉球間の冊封関係において、朝貢国側が果たすべき義務として実行された。

右のような東アジア外交世界においてとうぜん起こりうべき事態を、秀吉はまったく予想していなかった。それまでの国内統一戦争の過程でそうだったように、対馬を介して働きかければ朝鮮が、薩摩を介して働きかければ琉球が、唯々諾々と自分の意向に従うものと、思いこんでいたのだ。

一五九三年はじめ、小西行長は平壌に進駐してきた明軍に敗れ、ソウルへ撤退した。これを追撃した明軍は、迎撃する日本軍にソウル北西郊の碧蹄館《ピョンジェグワン》で敗れ、戦意を喪失した。すでに前年九月からもちあがっていた日・明和議の動きが、行長と明の遊撃沈惟《しんい》敬《けい》との間で本格化する。

明は、このまま戦いが続けば財政が逼迫し人的負担も大きいと考え、事態の収拾を図ったのだ。宗主国明に従属する朝鮮は、自国が戦場となり、幸州山城《ヘンジュサンソン》では朝鮮軍が日本軍を退けたにもかかわらず、交渉当事者の席を与えられなかった。

いっぽう加藤清正は、前年に咸鏡道方面で朝鮮の二王子を捕虜にしてオランカイまで侵入したり、人民支配に一定の成果をあげたりという実績を背景に、講和の動きに強硬に反対した。行長は、二王子の釈放、日本軍のソウル撤退、明の和議使節の日本派遣で、なんとか清正の合意をとりつけ、四月に日本軍はソウルを明け渡して釜山周辺に集結した。同月、明の経略宋応《そうおう》昌《しょう》は二人の部下を和議使節に仕立て、この「明使」は行長に先導されて翌月名護屋城にいたった。

すれちがう思惑

文禄二年(一五九三)五月に到来した「明使」を、屈服して和議を求めてきた使節と思いこんだ秀吉は、七か条の講和条件を示した(『毛利家文書』『太閤記』。中村栄孝による要約を掲げる)。

(1)明帝の女《むすめ》を迎えて、日本の后妃とすること。
(2)勘合を復して、官船・商船の往来をみとめること。
(3)日・明両国大臣が誓詞を交換すること。

(4)朝鮮の四道と都を国王に返還すること。
(5)朝鮮から、王子と大臣を人質にすること。
(6)去年とらえた朝鮮の二王子は、沈惟敬にわたして帰国させること。
(7)朝鮮の重臣たちに、代々日本にそむかぬことを誓約させること。

戦争の目的は明征服から朝鮮南半の確保に矮小化された。秀吉はこれすらも大きな譲歩と思っていただろう。(2)の「勘合」は明皇帝と日本国王との君臣関係を前提とするものではなく、明から望ませ日本が応じるかたちが考えられていた。

いっぽう行長は、同年六月に家臣の内藤如安を和議使節に仕立てて、沈惟敬とともに北京へ出発させた。長期の交渉を経た一五九四年末、如安は偽造の「関白降表《こうひょう》」をもって明皇帝に謁見し、以下の三か条で明側と合意した(『朝鮮宣祖実録』)。

(1)日本軍は朝鮮から完全に撤退する。
(2)秀吉は日本国王に冊封されるが貿易は認められない。
(3)日本は朝鮮と明皇帝の下で修好する。

しかしこれは清正のあずかり知らぬところで、清正は行長と惟敬の交渉を「姦偽」ときめつけ、あくまで秀吉の七か条を押し通す態度をつらぬいた。行長は清正が和平交渉を妨害したと秀吉に訴え、その結果清正は日本へよびもどされて蟄居《ちっきょ》の身となる。

近代の常識からすれば、行長の行動は国家に対するとんでもない背信のように見える。しかし明側の使者とて、対日戦争を指揮する軍官の仕立てたものにすぎず、皇帝の意を直接体してはいない。当時は、交渉の当事者に大幅な裁量権が与えられるのがつねで、中央の政権と出先とが了解を異にしていることは珍しくなかった。第五章4で述べる対馬宗氏の国書偽作も、同様の背景から起こった事件だった。

降倭・朝鮮・行長による清正包囲網

朝鮮の現地で戦争を先導した小西行長と加藤清正は、ソウル入城の先陣争いを皮切りに、戦争の全期間を通じてことごとにいがみあった。朝鮮側は行長を「小賊《しょうぞく》」、清正を「清賊《せいぞく》」とよんで、その行動を注視していた。両人の反目は、戦争や和平交渉の帰趨に大きな影を落とすことになるが、その極北ともいうべき事態が、慶長の役開戦直後に生じた。行長がこともあろうに朝鮮国王と共謀して、清正を排除しようとしたのだ(以下『朝鮮宣祖実録』による)。

その先ぶれが一五九五年にあった降倭《こうわ》による清正暗殺計画だ。このころ、日本軍から朝鮮側に投降する兵士が続出していた。朝鮮側はこれを「降倭」とよび、最初は問答無用で殺すことが多かったが、やがて、日本軍に動揺を与える効果と、鉄砲などの軍事技術の獲得をめあてに、

図4-5　西生浦倭城（髙田徹氏撮影）
加藤清正の築城．蔚山《ウルサン》広域市蔚州《ウルジュ》郡所在．

積極的に投降をそそのかす方針に転じた。降倭の続出は、長びく外国駐留で疲弊した日本軍の陣中に、撤兵・帰国を望む気分が蔓延していたことを示す。それをはばむ最大の障害こそ、強硬派清正の存在だった。

この年二月、慶尚左兵使高彦伯《こうげんぱく》からソウルに届いた急報によると、林浪浦《イムナンポ》倭城の兵士数人が彦伯のところへやってきて、西《ソ》生《セン》浦《ポ》倭城の主清正が林浪浦を訪れる三月三日を期して、鳥銃（鉄砲）で闇討ちする計画なので、朝鮮軍に後方支援をお願いしたい、ともちかけた。「清正には兵たちの怨みが集中しています。毎度関白に対して、兵の加増と渡海を求めているのも清正です。清正をなんとかしなければ、行長と講和したとしても、関白はかならず清正の言に従いますから、どうして簡単に撤兵するでしょうか」「清正に悠然とこの土地に居させれば、十年たっても撤兵はおぼつかないでしょう」といった降倭の発言に、兵士たちの心情が吐露されている（図4-5）。

この情報に接した備辺司は、朝鮮側が表に出ないかたちで協力する策を献じたが、宣祖王は

「明との協議ぬきに朝鮮がこうした挙に出れば、明の怒りを激発しかねない」として反対し、結局「計画の実行を阻止はしない」という消極的対応に留まった。そうこうするうちに三月三日を迎えたが、なにごとも起こらなかった。

慶長元年(一五九六)九月に戦争が再発すると、京都で蟄居していた清正は、勇躍西生浦に再入城すべく出陣した。冊封使(本章3参照)を日本へ先導していた行長は、清正より一歩早く、同年末に冊封使とともに釜山にもどり、幕下の通事要時羅(与四郎?)を通じて、慶尚右兵使金《きん》応瑞《おうずい》に、洋上で清正を迎撃する策をもちかけた。今回は王も乗り気で、「いまの倭賊の暴威はもっぱら清正から発している。降倭を募ってやらせるか、こちらから人を送るかして、清正を図れば、その党は自解するだろう」と述べた。

翌年はじめ、三人の降倭がソウルで兵曹判書《へいそうはんしょ》に面会して、「朝鮮の水軍を釜山近海に出没させて、釜山駐留の日本軍を孤立させると同時に、対馬からの船の渡海を困難にする」という策を献じた。ソウルにいた降倭が前線の戦況に通じていたことから、降倭と行長との間になんらかの連絡を想定することもできよう。行長と降倭の提案を受けて、王は慶尚・全羅《チョルラ》・忠清《チュンチョン》三道水軍統制使の李舜臣に出動を命じたが、この提案を日本側の罠だとみた舜臣は、閑山島《ハンサンド》の水営から動こうとしなかった。

清正の行動が行長の予想より早かったこともあって、清正軍は正月中旬にやすやすと西生浦に入ってしまった。行長は「朝鮮のことは毎度こんな具合だ、この機会を失するとは、惜しんで余りある」と悔しがったという。王を筆頭に閣僚からも李舜臣批判があいつぎ、同郷の領議政柳成龍《りゅうせいりゅう》の弁護もむなしく、舜臣は罷免・断罪されてしまう。

この事件については、元均《げんきん》とそれにつながる西人派のしくんだ冤罪とするのが通説である。だが『宣祖実録』によるかぎり、元均や西人派ではなく王自身が舜臣弾劾の中心であり、舜臣が王命を拒んだのは事実だから、冤罪とはいいがたい。『宣祖修正実録』は、清正迎撃計画を「清正自身が、行長と示しあわせて、朝鮮軍の勢いを弱めようと、誘いをかけたもの」とみなし、舜臣の判断を弁護している。

しかし、行長と清正の反目はぬきさしならない深刻さだったし、降倭の続出が示すように、日本軍には厭戦気分が蔓延していた。それを背景に立てられた清正排除計画に行長が加担するのも、なんら異とすべきものではない。いっぽうで、清正に西生浦入城を許してしまったことが、慶長の役劈頭《へきとう》における朝鮮側の戦略的失敗だったことも、否定できない。清正軍に海上で打撃を加えておくことは、必要かつ有効な戦略だったと思われる。それを拒絶した舜臣が正しかったとする『修正実録』の解釈には、同書編纂の時点で高揚していた李舜臣顕彰が反映しているのではないか。

3　矮小化された征服戦争——慶長の役

朝鮮南四道の割譲

一五九五年、秀吉を日本国王に封ずる冊封使が北京を発って釜山浦にいたり、付近に集結していた日本軍の撤退を迫った。小西行長は、自分が合意した和議条件が秀吉の了解と異なることを知りつつ、使節を日本へともない、どうにか講和をまとめようとした。翌年九月、冊封使は大坂城で秀吉と面会し、皇帝から託された誥命《こうめい》（皇帝が臣下に爵位を授ける辞令）、金印、冠服《かんぷく》を秀吉に進呈した。誥命には「特に爾《なんじ》を封じて日本国王と為し、これに誥命を錫《たま》ふ」という文言があった。

皇帝と国王、宗主国と藩属国という名分を明らかにしたこの文言を見て、秀吉が激怒したことが、第二次戦争すなわち慶長の役の原因だといわれている。しかし、秀吉は誥命や冠服の受領を拒否したわけではなく、それらは大阪市立博物館に現存しているし、その後の『朝鮮宣祖実録』を追うと、冊封自身は効力を失っていなかったことがわかる。

秀吉が激怒したのは、明使節が示した和議条件において、自身の示した七か条、なかんずく朝鮮半島南半の割譲が無視され、日本軍の全面撤退がうたわれていたからだった。秀吉は、家康の諫止を斥けてふたたび朝鮮への出兵を決断する。

こうして慶長二年（一五九七）六月、日本で慶長の役、韓国で丁酉再乱《チョンユジェラン》とよばれる戦争が始まった。再度の戦争で日本軍が展開したのは、同年九月にソウルをうかがう気配を見せたのを唯一の例外として、朝鮮半島南部の慶尚・全羅・忠清道に限られている。中華の主となる、といった「大義」は投げ棄てられ、戦争の目標は朝鮮南四道（上記三道プラス京畿道《キョンギド》）を領土として死守することに矮小化された。

これが実現できなければ、六年にもおよぶ戦争の揚げ句に、大名や兵士たちに与えうる代償は皆無となってしまう。そうなれば政権自体の存立が危うくなることは目に見えていた。

残虐化、泥沼化する戦争

戦争の目的はかくも矮小だったが、もたらした惨害は文禄の役に勝るとも劣らなかった。一五九七年八月の全羅道南原《ナムウォン》城包囲戦では、城内の明軍はいちはやく逃亡し、残った朝鮮軍と周辺の人民はほとんどが戦死した。逆に日本軍が籠城戦を強いられた九七年末から翌年はじめにかけての蔚山《ウルサン》倭城では、食糧も水も尽き雨や小便を飲むほどだった。秀吉死後の九八年十月、慶尚道泗川《サチョン》倭城に拠る島津軍が明軍の一斉攻撃を退けた泗川の戦いでも、明軍を中心に四万近い戦死者が出たと報告されている。

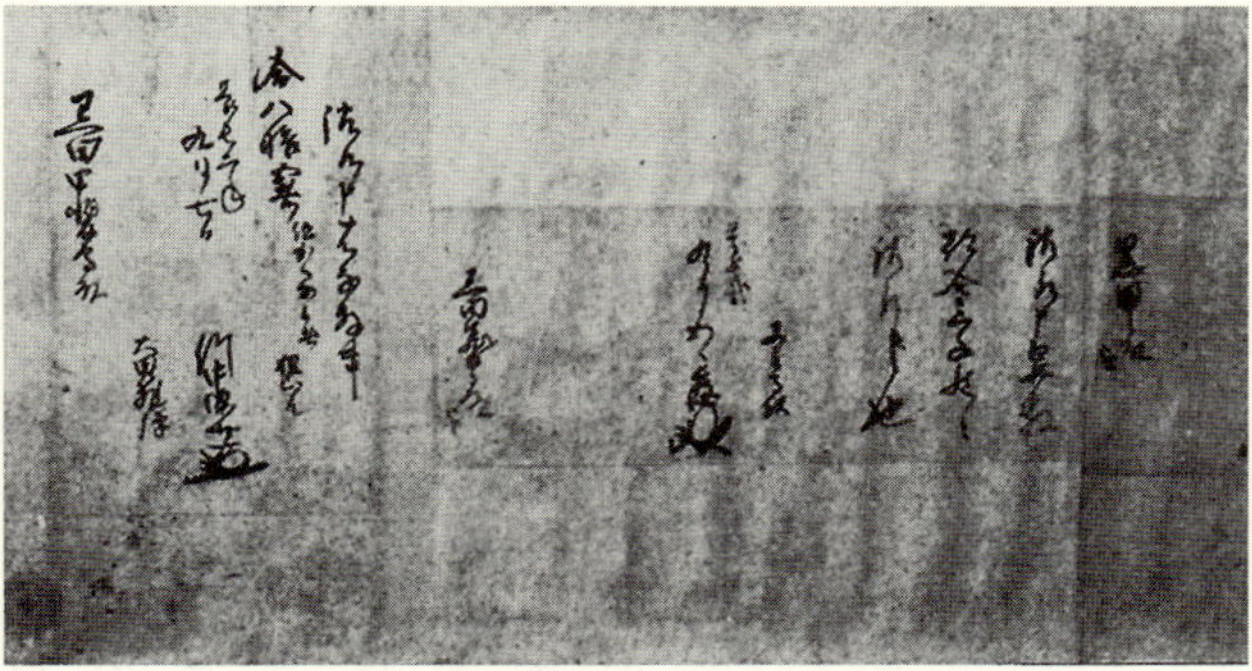

図 4-6　黒田長政宛鼻請取状(朝倉市秋月郷土館所蔵)
慶長 2 年(1597)9 月の忠清南道の合戦で発給された．右文書には朝鮮兵 3 千人，左文書には明兵 85 人の鼻数が記されている．

戦闘の実態も文禄の役以上に残虐化していった。日本軍の兵士が大量殺戮を行ない、さらに殺した敵兵の鼻を切り落とし、大名ごとにとりまとめて戦功の証として本国へ送ったことが知られている(図4-6)。

この「鼻削ぎ」はしばしば日本軍の残虐行為として特筆されるが、切り落とした首数で戦功をカウントすることは、世界中で広く見られる慣習である。鼻で首に代えたのは、数が多いばあい、首だとかさばるからだ。また、鼻や左耳(後文参照)を指定するのは、討ち取った人数を正しく数えるためである。

いっぽう、文禄の役の初戦で、李舜臣率いる水軍も同様の目的で左耳の切り落としを行なっていた。かれが開戦の年に都へ送った捷報のうち、六月十四日のものに「倭頭八十八級、左耳を割きて塩に沈め櫃《はこ》に入れ上送せり」、七月十五日のものにも「臣の諸将斬る所の倭頭九十級、左耳を割きて塩に沈め櫃に入れ上送せり」とある(『壬辰状草』『李忠武公全書』巻二)。これは日本軍の鼻切りを語る史料よりはるかに早い。とはいえ、慶長の役の日本軍のばあいは、組織性、鼻数の多さ、非戦闘員をふくめた無差別性といった点で、まったく質を異にする状況だった。

医僧として従軍していた豊後臼杵《うすき》の安養寺住職慶念《けいねん》は、慶長二年(一五九七)の日々のできごとを歌と散文で綴った。この『朝鮮日々《にちにち》記』には、「地こくハよそにあるへからす、やかてめに見へてある(地獄は他所にあるのではない、すぐ目の前に見えている)」(十一月十五日条)という表現がある。かれの目に映った恐怖の光景は――

野も山も、城は言うに及ばず、すべて焼きつくされ、人は打ち切られ、鎖で竹筒をつないだ枷で首を縛られている。親は子を嘆き、子は親を尋ね、哀れなありさまだ。はじめて見るこの光景は、さながら修羅の巷である。(八月六日条)

日本から来た商人のなかに、人買いをする者がいた。男女老若を買い取って、首に縄をつけて先へ追いたてる。歩けない者には、うしろから杖で追いたて、走らせるありさまは、さながら地獄の羅刹《らせつ》が罪人を責めているかのようだ。(十一月十九日条)

こうした凄惨な戦いが続き、泥沼状態となった戦争は、慶長三年(一五九八)八月、とつぜん終わった。秀吉が病死したのである。享年六十二。遺児の秀頼はまだ幼く、国家の運営は五大老、五奉行とよばれる有力大名たちに委ねられた。かれらは、秀吉の死を秘したまま、朝鮮出陣中の諸将に撤退を命じた。諸大名はほうほうの体《てい》で日本へ帰国した。

中華の併呑という発想は秀吉だけのものではない。秀吉の野望は挫折したが、それを実現した人物がいた。秀吉よりやや遅れて、中国の東北方、朝鮮との国境近くから擡頭した女真人ヌルハチである。

秀吉の失敗、ヌルハチの成功

十六世紀の明は、北にモンゴルや女真、南に倭寇の脅威に直面して、軍事対応に明け暮れた（「北虜南倭《ほくりょなんわ》」）。それは明の経済を変貌させただけでなく、戦争景気と密貿易の利益に沸く好況地帯を、中国の東の周辺部につくり出した。東アジアの十七世紀を担う諸勢力の多くは、この市場と関わりつつ生まれてくる。

女真族の首長層は、居住地の特産である人参《にんじん》、貂《てん》や狐の毛皮などを、中国本土や朝鮮に売ることで巨利をえ、その見返りに耕牛と鉄製農耕用具をもちかえった。このように女真族擡頭の基礎には、農業生産力の向上と充実した農耕社会への転回があった。いっぽう、建州《けんしゅう》女真の海賊が十五世紀の末から遼東や朝鮮の海岸で活動していたように、海洋民族としての性格もあった。

明は、かれらに武職を授与して辺境地域の安全を確保するかたわら、朝貢貿易の権利を認め、あわせて辺境防備線上のいくつかの関門において馬や木材の交易を許した。皇帝の印章が捺された武職任命書は貢勅《こうちょく》とよばれ、貿易許可証として機能した。十六世紀なかば以降になると、「巨酋《きょしゅう》」とよばれた女真の有力首長が、明側の辺境防備指揮官と結んで、大量の貢勅を手に入れ、貿易の権利を独占するようになる。

ヌルハチは、一五八九年に建州女真の盟主となり、さらに明が朝鮮で日本軍と交戦しているすきに、他の女真諸部族をあわせ、十七世紀はじめには全女真をほぼ統一した。一六一六年、後金《ごきん》という国号と天命《てんめい》という年号をたて、明からの自立を宣言、一八年には「七大恨《しちだいこん》」を唱えて明に宣戦を布告した。この文書は中華に対して臆するところがまったくなく、逆に天命われにありという確信にみちている。

軍事行動を前提に編成された規律ある社会組織をもつことが、かれらの自信と自尊意識を支えていた。このころの後金の人口は、明の寧波府、河間府などといった「府」一つ分程度だったという。それがたった二十年あまりのちには、明に代わる新しい中華王朝をうちたてることになる。

戦争の結末を知る私たちの眼には、秀吉の野望は嗤うべき誇大妄想のように映る。しかし、秀吉にとっては約束された未来だったろうし、その実現可能性を頭から否定するのは、現代人の傲慢ではないか。じっさい秀吉は、戦国の世を通じてとぎすまされた武力に加えて、日本史上かつてないほどの強大な権力を保有していた。ヌルハチも同様で、ふたりはともに東アジアの辺境から勃興し、軍事を前提に編成された社会組織を背景に、中華をおそれない自尊意識をもっていた。

　ではなぜヌルハチは成功し、秀吉は失敗したのか。ヌルハチは毛皮等の交易を通じて、明の辺境官僚と接触する経験を積んでいた。そして、明から官職と貿易許可証を獲得しつつ、獅子身中の虫として明の体制を食い破っていった。清朝にいたっても、「八旗《はっき》」という、民族固有の制度と中華帝国の制度を組みあわせた支配体制をとっている。対する秀吉の帝国構想の内実は、国内での「国割」を大規模にしただけであり、占領した朝鮮における統治政策は、国内の単純なもちだしにすぎなかった。朝鮮国王が、日本軍に攻めこまれて、明を頼って都を捨てることを、秀吉はまったく予期していなかった。異文化のなかで戦うという感覚の欠如が、最大の敗因だったと思われる。

朝鮮王朝の苦悩

　いっぽう朝鮮では、一五七五年ころから、士林《しりん》派（儒学者官僚）の内部が東人と西人の二大党派に分裂する様相となった。九一年、西人の頭目だった左議政鄭澈《ていてつ》が、王位継承をめぐる直言で宣祖王の怒りに触れ、その処分をめぐって、東人は穏健派の南人と強硬派の北人に分裂した。さらに一六〇八年、北人は宣祖王死後の王位をめぐって、光海君《こうかいくん》を擁立する大北《たいほく》と永昌大君《えいしょうたいくん》を擁立する小北《しょうほく》に分かれ、六九年には、西人が宋時烈《そうじれつ》を支持する老論と尹《いん》拯《じょう》を支持する少論に分かれた。これらの「党争」は、朱子学の解釈のちがいという学説上の対立に、師匠・弟子の人的結合や、慶尚道対京畿・忠清道などの地域対立がからまり、それが国政の主導権をめぐる争いとして噴出した。

朝鮮は、明軍の力を借りて日本の侵略を撃退し、国家を保つことができた。ところが明と朝鮮にはさまれた回廊地域からヌルハチが擡頭し、しだいに明を圧迫するようになる。一六一九年のサルフの戦いの前、明の万暦《ばんれき》帝は朝鮮に援軍派遣を要請した。朝鮮国王光海君は十万三千の兵を出動させたが、指揮をとる姜弘立《きょうこうりつ》には戦況を見きわめて行動するよう密命した。戦いは後金の勝利に帰し、朝鮮軍は投降、姜弘立も捕虜になった。

光海君は宣祖の庶子だったが、一六〇八年に大北派によって擁立され、王位についた。西人は、光海君が即位時に弟永昌大君を殺しその母后を幽閉したことを「殺弟廃母」と罵り、サルフの戦いにおける光海君の行動を「忘恩背徳」と決めつけて、光海君および大北派を攻撃した。ついに二三年、西人は南人と連合してクーデタを起こし、光海君の甥仁祖《じんそ》を王位につけて権力を掌握した。これを「仁祖反正《はんぜい》」という。

このころ、明の将軍毛文龍《もうぶんりゅう》が平安道の椵島《カド》に拠って、後金の後方を攪乱する作戦を展開していた。仁祖と西人政権は「崇明排清《すうみんはいしん》」を呼号してこれを支援した。一六二七年、後金軍三万は、毛文龍の軍をけちらして、黄海道《ファンヘド》の平山《ピョンサン》までおしよせた。江華島《カンファド》に逃げていた仁祖は和を請うて、兄弟国の盟約を結ばされた(丁卯胡乱《チョンミヨホラン》)。

一六三六年、太宗ホンタイジは後金の国号を大清《だいしん》と改め、瀋陽《しんよう》で満洲《マンジュ》(女真)・蒙古《モンゴル》・漢の三族に推戴されるかたちで、皇帝位についた。太宗は朝鮮に使者を送って、清を宗主国として仰ぐよう求めた。朝鮮はこれを黙殺し、太宗みずからが率いる十三万の清軍の侵入を招くことになる。仁祖は南漢山城《ナマンサンソン》で一月半の籠城のすえ、翌年、「大義に殉ぜよ」とさけぶ主戦派を抑えて、屈辱的な臣下の礼をとらざるをえなかった(丙子《ピョンジャ》胡乱)。

4　倭城をめぐる交流と葛藤

朝鮮から見た倭城

朝鮮における戦いの目標が明への進軍から領土確保へとすりかわった段階で、慶尚道の沿海地域に多数の城郭が築かれた。「倭城《わじょう》」の名でよばれるこれらの城郭は、

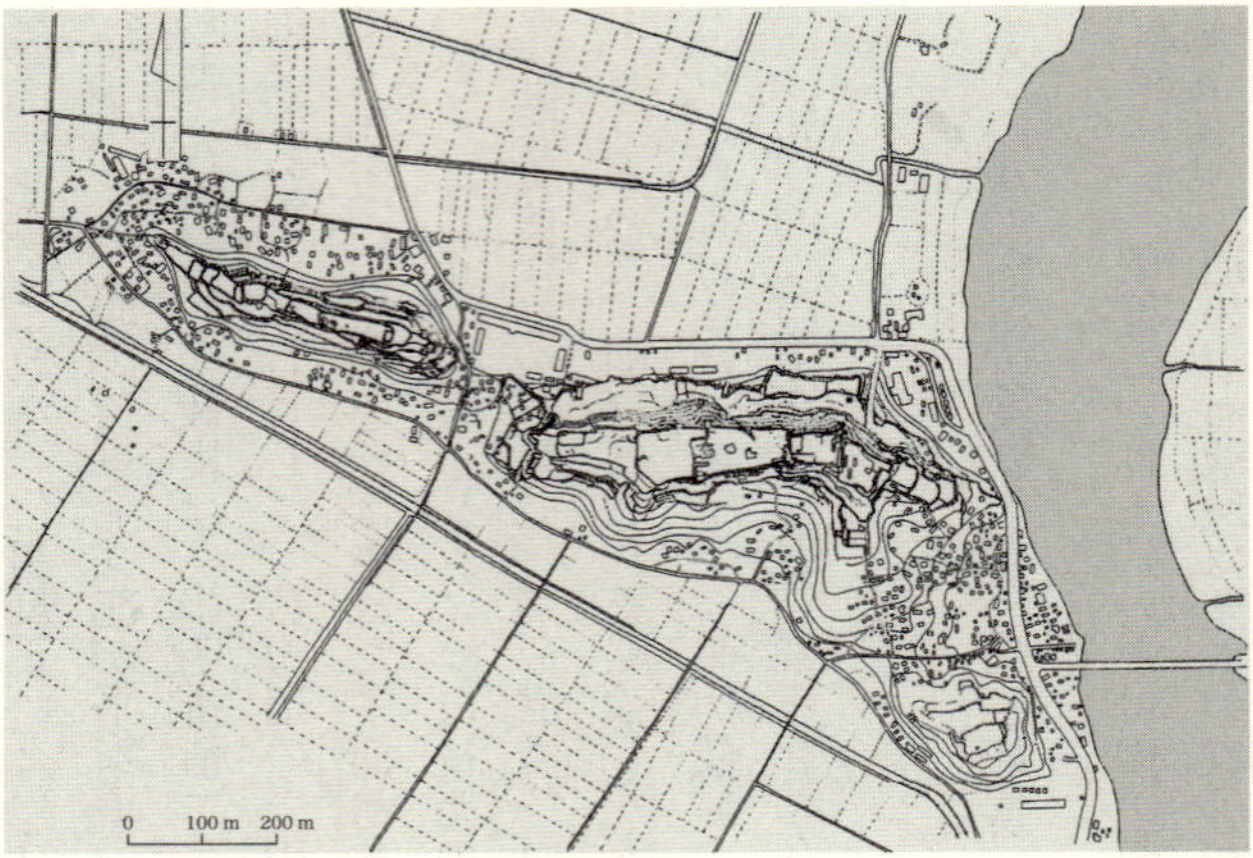

図4-7　金海竹島倭城全図（髙田徹氏作図）

鍋島直茂の築城．釜山《プサン》広域市江西《カンソ》区所在．水面は洛東江《ナクトンガン》で，当時は倭城の北側→東側→南側と廻って流れていた．

日本式の建造方法やプランで造られている。日本側の史料で「御仕置《おしおき》の城」とよばれたことが示すように、占領地域の統治を主目的とする城だった。倭城は一五九八年の日本軍撤退で放棄され、当時の状態のままの遺構が多数残っている。日本国内にはこの時期の様式を保つ城郭遺構はさほど残らず、倭城が近世初期城郭の標本的遺構と評価されている。それゆえ、日本城郭史の研究者によって最初に注目された（図4-7）。

その結果、日本側史料や現地調査に基づいて、戦争指導者の戦略的指示や城郭の縄張りなどを中心に、精細な研究が蓄積されている。いっぽう朝鮮側史料にも、倭城群の戦略的配置、守備軍の規模と指揮者、城

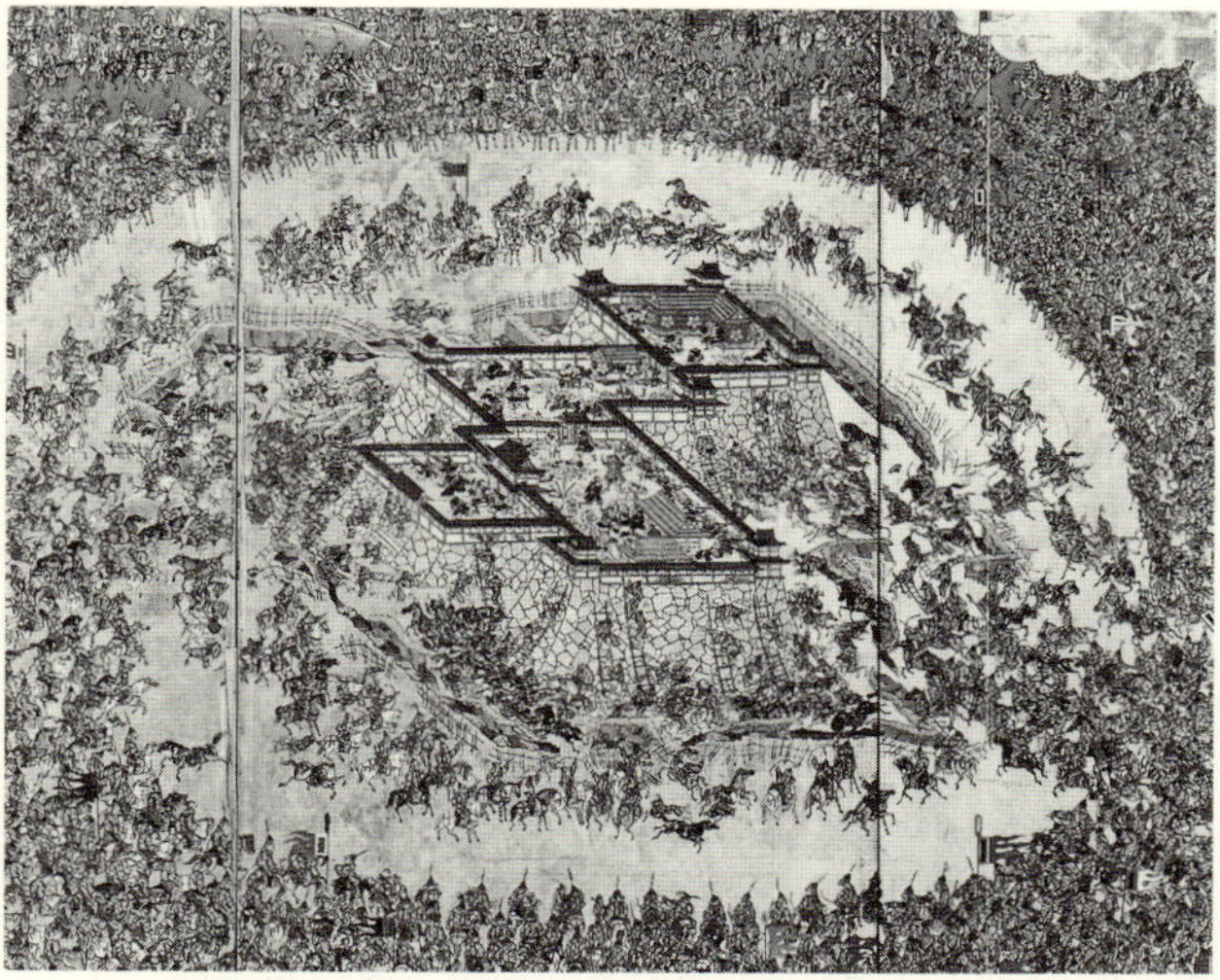

図 4-8　朝鮮軍陣図屏風(第一図)(公益財団法人鍋島報效会所蔵)
蔚山城の戦いの様子が描かれている.

郭自体の構造などについて、多くの貴重な情報がふくまれているが、これを用いた研究は寥々たるものだ。攻めこんだ側の史料に加えて、侵略を受けた側の史料を用いることで、対象に注ぐ視線が複線化され、より公平な視点から戦争の真実に迫りうるのではないか。

「御仕置の城」としての倭城の源流は、開戦間もない一五九二年七月に巨《コ》済島《ジェド》に造られた城に遡り、文禄の役を通じて慶尚道沿海部にネットワークが張りめぐらされた。講和交渉を通じてその大部分はいったん廃城となったが、九六年九月に戦争が再燃すると、文禄度に築造された倭城の再利用はもちろん、地域を北方向には蔚山《ウルサン》・梁山《ヤンサン》、西方向には全羅道の順天《スンチョン》にまで拡大して、あらたな倭城が造られた。

この慶長の役では、最初から朝鮮半島南部の占拠が目的となった。それゆえ、地域支配の拠点となるべき倭城の戦略的意味は重みを増した。文禄の役では、朝鮮水軍との海戦を別にすれば、倭城を舞台とする地上軍のつばぜりあいは、じつはほとんどなかった。これに対して慶長の役では、有名な蔚山城や泗川城の戦いをはじめとして、倭城そのものでおびただしい血が流された（図4-8）。

在番体制と城郭構造

文禄二年（一五九三）三月、伊達政宗が名護屋から国元に送った手紙に、「かうらひ《（高麗）》のうち、日本よりの舟つきて、ふさんかい《（釜山浦）》と申ところニやうかい《（要害）》共いくつもなされ、つくし《（筑紫）》と四国・中国のしゅ《（衆）》さしこめられ、まつ〳〵あき《（秋）》中ニ御かへりなさるへきよし申候」とある（『伊達家文書』）。倭城の守備には九州と中国・四国の勢が配置され、それ以外の地域の勢は工事が終われば帰国が許されたこと、九州、中国・四国の勢も約半年後の秋には交替が予定されていたことがわかる。このようなシステムを「在番体制」とよぼう。

いっぽう同年八月、慶尚左道巡察使の急報に「本道の賊勢は、東萊・機張《キジャン》・釜山・蔚山地西生浦・梁山地下《ハ》龍堂《ヨンダン》（いわゆる亀浦《クポ》）等の処に前の如く屯聚《とんしゅう》し、間間入帰《にゅうき》（帰国）の賊あると雖も、留屯《りゅうとん》の倭は則ち顕《あきら》かに雄拠の状あり」とあって（以下『朝鮮宣祖実録』による）、在番体制による兵の交代が朝鮮側に把握されている。ここに列挙された五か所はみな日本側史料のいう「本《もと》城《じろ》」であるが、〈本城－端城《はじろ》〉という編成も認識されていた。一五九五年七月にソウルに送られた「倭営地図」には、「熊川《ウンチョン》四営」「金海《キメ》三営」「巨済三営」の三グループが記載されていたが、そのそれぞれに本城と端城がふくまれている。

一五九四年三月、明軍別将がソウルに送った報告に、捕獲した一倭兵からえた情報として、各倭城に配置された兵数が「日本軍兵見住《げんじゅう》之数、西生浦五千、林郎浦三千、機張三千、東萊一千、釜山浦一万、梁山地仇法谷《クボムゴク》（亀浦）三千、左水営三百、金海一万八千、安骨浦二千、加徳《カドク》七百、熊川薺浦四千、巨済七千余名」と記されている。講和交渉期になると、竹島城は「江江者加未」（加賀守＝鍋島直茂）、甘同浦城は「也郎加臥」（柳川《やながわ》＝立花宗茂）、永登浦城は「沙也毛隠老多有雨」（左衛門大夫＝福島正則）といった具合に、各倭城ごとに在番の「倭将」の名を書き上げた史料も出現する。

さらに朝鮮側は、日本軍が陸と島に倭城を配置して張りめぐらせた防衛線をよく観察しており、金海・熊川など陸地の倭城と巨済島の三倭城を水軍によって分断し、釜山方面への血路を開こうとするなど、観察に立脚した作戦を立てていた。

個々の城の状況についても興味ぶかい観察がある。一五九五年三月、蔚山郡守は加藤清正の築いた西生浦城のようすを、こう報告している。

> 西生浦の賊藪《ぞくそう》は前に比して減ずるなし。今年を始めとして、遍野を開墾し、運糧の船隻は前に倍して出来す。城子（石垣）は逐日加築し、前に排せる垓子《がいし》（堀）を改掘し、退《うし》ろに排せるは、垓子内辺に生松《せいしょう》を柵木の如き様に栽植するなり。

倭城での生活を維持するには、周辺の原野を開墾して穀物を生産することと、船を利用して食糧を運びこむことの、双方が必要だった。城普請については、石垣の増築と堀の改掘は当然だが、堀の内辺すなわち土塁や石垣の上に、松を柵木のようにならべて植栽したというのは、めずらしいやり方である。

同年正月、明の遊撃に随行した朝鮮の接伴使は、小西行長が在番する熊川城を訪れてつぎのような情景を見た。

> 営は海岸の一山を占む。山勢甚だ峻なり。繞《めぐ》らすに石城を以てし、上に木柵を添ふ。周囲は六七里なるべし。山を断ちて池（堀）を為《つく》り、鱗次《りんじ》（鱗が並ぶように）屋を架け、海を塡《ふさ》ぎて城を築き、鑿門《さくもん》を星列す。門は即ち船を泊するの所なり。遊撃は冠帯を具し、蟒龍《ぼうりゅう》の衣を着し、下船して営に入る。観光（見物）の男婦、街路に駢《なら》び闐《み》つ。長廊の両面に肆《みせ》を列《なら》べ貨物を売買す。率《おおむ》ね海錯《かいさく》（海産物）多し。

「上に木柵を添ふ」というのは、石垣の内側に木柵を設けているのだろうか。「山を断ちて池を為《つく》る」は堀切や竪堀の描写、「海を塡《ふさ》ぎて城を築く」は海上から熊川城の偉観を眺めての実感であろう。船つきに接して門があり、すぐに城内に入ることができた。通路の両側に店が軒をならべ、海産物などを売っていた。

倭城の存立と朝鮮民衆

倭城は占領地域確保の軍事基地であり、そのため周辺住民に対して苛酷な暴力をふるった。その占地・築造・存続は、国内戦争で一揆勢力をふみつぶしたやり方を踏襲して、抵抗する者は皆殺しにする「撫切《なでぎり》」戦術をともなった。しかし周囲を無人にしてしまっては倭城自体も存続しえない。そこから倭城は、朝鮮人民統治の拠点としての性格をもおびることになる。

東莱・釜山の倭城群を探索した慶尚右道防禦使の報告によると、城付近の海辺には農場が設けられ、倭人・朝鮮人混成の「屯」という組織が耕作にあたっていた。屯長には朝鮮人が起用され、自己の屯に所属する者たちを、倭人もふくめて指揮していた。屯長は倭将から飲食のもてなしを受け、所属の倭人からも畏れられていた(『朝鮮宣祖実録』)。使役される朝鮮人の多くは倭城周辺の一般住民で、「脅されて賊に投じた人民」だと思われる。しかし、なかには積極的に日本軍に近づき、とり立てられて権勢をふるった投降者もいたのである。

倭城の軍事機能を維持するために、築城や造船に朝鮮人民が動員された。李舜臣は、一五九四年三月十日付の報告のなかで、こう述べている（『壬辰状草』『李忠武公全書』巻四）。

> 熊川城の賊は三つの陣に分かれ、陣ごとにあるいは千余名、あるいは八九百名がいます。しかし病に斃れる者が数多いだけでなく、土木の役に疲れ果て、本土に逃げ帰る者も数知れません。……わが国の男女は、ある者は日本へ送られ、ある者は（倭城に）留めて使役されています。また日本本土からも多くの女人を連れてきて使役しています。賊倭が日ごとに使役する目的は、あるいは鉄丸（鉄砲玉）の打造であり、あるいは城を築き家を造ることです。

また、一五九七年二月に都体察使が引用する慶尚左水使の報告書に、「加藤清正が西生浦城にいたとき、朝鮮式の板屋船一隻を造って献上した」という済州島の海民の供述書が載っている（以下『朝鮮宣祖実録』による）。済州島の海民はもともと境界的な人びとで、倭人と交じりあう要素が多分にあったが、朝鮮式の船自体だけでなく、造船技術もろとも倭軍に提供した可能性がある。水軍力の優位をくつがえす端緒となりかねない事態に、朝鮮側が大きな衝撃を受けたのも当然だった。

倭城の日常生活を支える食糧や物品の調達にも、朝鮮人民が深く関与していた。一五九五年三月ころの状況を都元帥権慄《ごんりつ》はこう述べている。

> 伝え聞くところでは、東萊・釜山・金海などの場所で、野にあふれんばかりに耕作している者の三分の二は、わが国の民です。往々にして髪を剃り歯を染めて、倭の風俗に従う者までいます。また、遠方から商売目的でやってくる者がいて、おのおの品物を携えて往来し、賊陣で交易しています。ほとんど歯止めがきかない状態で、寒心に耐えません。

倭城の城下は農業生産の場であり、交易の拠点でもあった。そこを生活の場とする朝鮮人民は、生存のために倭城の維持に関わる仕事に携わり、また倭人たちに受け入れられやすい風俗や行為を選んだ。あえていえば、巨大な軍事施設のとつぜんの出現は、一部の人にとっては商機とさえ映っただろう。朝鮮政府は、機密の漏洩防止という軍事的観点から、倭城への出入りを禁じようとしたが、その抑止力は倭城城下の住民にまではおよばなかった。

第五章　江戸開府と国際関係の再建

1　対明復交への執着と挫折

勝者なき戦い

足かけ七年におよんだ豊臣秀吉の戦争は、戦場となった朝鮮だけでなく、東アジア全域に大きな影響をおよぼした。朝鮮の人的、経済的損失はもとより測りしれない。戦後復興はたいへんな重荷として民族・国家にのしかかり、日本に対する憎悪の念は、悲惨な戦いとともに長く民族の記憶に刻まれることになる。明もまた、援軍に膨大な戦費と人員をつぎこんだことで財政危機に陥り、その後の女真族の侵攻とあいまって、王朝倒壊への坂道を転がりおちていく。そして日本では、全力を注ぎこんだ対外戦争がなんの成果もなく終結したことのとうぜんの帰結として、豊臣政権は弱体化を余儀なくされる。

大局的に見れば、この戦争は、朝鮮にとっても明にとっても日本にとっても、だれが勝ったともいえない「勝者なき戦い」だった。世界的に見ても十六世紀最大の戦争となった秀吉の朝鮮出兵は、周囲の憎悪と不信を招くだけに終わった。

朝鮮からの撤収後、豊臣政権で最大の実権を握ったのは、五大老筆頭の徳川家康だった。家康は、慶長五年（一六〇〇）の関ヶ《せきが》原《はら》の戦いで、石田三成らを中心とする西軍を破り、秀吉の遺子秀頼《ひでより》の後見人でありながら、なしくずし的に事実上の天下人へと上りつめていった。同八年、家康は征夷大将軍の座につき、正式に武家政権のトップとして君臨することになる。

こうして誕生した江戸幕府には課題が山積していた。なによりもまず、大坂城の秀頼とその生母淀殿《よどどの》、そして豊臣恩顧の大名たちの動きである。家康と、その跡継ぎとして慶長十年（一六〇五）に将軍となった秀忠《ひでただ》は、周到に戦略をねり、大坂方を追いつめていく。ついに同十九年から二十年にかけての大坂冬の陣・夏の陣によって、豊臣家を滅亡に追いこみ、幕府を唯一の正統な武家政権とすることに成功した。

江戸幕府にとって、こうした国内問題とともに、対外関係にも大きな課題が残っていた。秀吉の戦争がもたらした国際的孤立状況から脱却し、戦闘状態ないし国交断絶状態のままの諸国との間に、あらたな外交関係を再建することが、新政権の正統性や実力を世界に示すためにも、国内支配を固めるためにも、焦眉の課題だった。

戦争で日本国内が戦場になったわけではなかったが、それが人材や物資の巨大な蕩尽であったことはまちがいない。しかも、戦争がとつぜん終わったことで、経済が一気に不況に陥っていた。豊臣政権のもと、戦争に必要な膨大な物資を調達すべく、全国の商人を結集して物流システムが構築されていた（本章3参照）が、終戦によって、商人たちはそれまでえていた巨利を失うことになった。幕府は、肥大化した商人の収益構造をなんらかのかたちで代替することによって、国内経済の蘇生を図る必要にも迫られていた。

この時代には、前代以来の朝鮮、中国、琉球との貿易だけでなく、ポルトガル以下のヨーロッパ勢力や、東南アジア諸国との貿易のもたらす物資が、日本国内の経済や社会体制に大きな影響力をもつようになっていた。国際貿易体制のたてなおしは、ひと握りの特権商人を利するだけでなく、政権全体の経済基盤をたしかなものとし、経済の円滑な運営を促すために、ぜひともとりくむべき課題だった。

朝鮮／琉球／福建ルートの対明交渉

家康がとくに重視したのは明との復交である。秀吉でさえ、朝鮮半島での戦争のさなかに明との「勘合」復活を画策していたほど、中国との関係は重要だった。はやくも一五九九年に着手され、十年後の己酉約条《きゅうやくじょう》で妥結した対朝鮮交渉（本章4参照）には、明との交渉の地ならしの意図があった。宗氏は幕府の意を受けて、一六二〇年代まで、日明の仲介役となるよう朝鮮に執拗に求めた。しかし、日本軍を撃退した明に「国家再造の恩」を負う朝鮮が、日本のために明へとりなしの労をとってくれるはずもなかった。

関ヶ原合戦直前の一六〇〇年一月、家康は島津氏と琉球を介するかたちで、明との国交回復交渉を開始した。一六〇九年に島津氏が決行した琉球征服に許可を与え、しかも戦後の琉球王国の存続を許したのも、明・琉球間の冊封関係を通じて日明復交の可能性を探るためだった。しかし、薩摩への従属下に送られた琉球の進貢使はかえって明の疑惑をよび、一六一二年に琉球の貢期が二年一貢から十年一貢に減らされてしまう。

幕府は福建《ふっけん》ルートにも期待をかけた。一六一〇年、幕府は本多《ほんだ》正純《まさずみ》名《めい》で福建総督に宛てた書簡を福建商人に託した。幕府が求めたのは、第一に「勘合」の復活による国交回復、第二に東南アジア往来の朱印船が中国沿岸に漂着したさいの保護、だった。この「勘合」は明皇帝への臣従を前提としたものではない。むしろ遣明船に家康の朱印状をもたせるという構想から考えると、朱印船貿易の対象に明をもふくめようとするものだった。

正純書簡の一節に、「其の化の及ぶ所、朝鮮は入貢し、琉球は臣と称し、安南・交趾《コーチ》・占城《チャンパ》・暹羅《シャム》・呂宋《ルソン》・西洋・柬埔寨《カンボジア》等蛮夷の君長酋帥《くんちょうしゅうすい》、各《おのおの》書を上《たてまつ》りて賓《みつぎ》を輸《いた》さざるは無し。是れに由りて益々中華を慕ひ、而して和平を求むるの意、懐に忘るる無し」とあった（『異国日記』）。明を「中華」とよびながら、日本を中心とする華夷世界が誇らしげに語られている。とうぜんながらこの交渉も梨のつぶてに終わった。

結局、日明関係は民間貿易レベルでは修復されたものの、正規の国交は復活しなかった。明から見れば、豊臣から徳川へ代わったといっても、おなじような武家の政権が続いているという印象でしかなく、それゆえ最後まで幕府に対する警戒を緩めなかったのだろう。

出島と唐人屋敷

長崎の出島《でじま》は広さ四千坪弱の人工の島で、はじめポルトガル商人の収容を目的に造られたが、寛永十六年（一六三九）のポルトガル人追放後、同十八年に平戸にあったオランダ東インド会社商館をここに移転させた（長崎市出島町、図5-1）。幕府はオランダ船が入港するたびに、ポルトガル・スペイン情報の提供を商館長に求め、のちにその対象は他のヨーロッパ諸国、インド、清などの情報に拡張された。こうした情報をまとめた報告書を「オランダ風説書《ふうせつがき》」という。以後開国までの間、長崎はヨーロッパに対して開かれた唯一の窓として、西欧文明が流入する口となり、蘭学《らんがく》の本場となった。

通常、長崎にはバタビア（現在のジャカルタ）から毎年二隻のオランダ船が七～八月に入港し、十一～十二月まで滞在して、長崎奉行のきびしい管理下で貿易を行なった。出島には商館長（カピタン）以下十五人前後の職員が常駐し、商館長は毎年冬から夏にかけて江戸に上り、将軍に謁見して通商免許の礼物を献上した。

江戸時代の長崎といえば、オランダ商館やヨーロッパ情緒などを思い浮かべがちだ。しかし、長崎で貿易に携わった外国商人の数、港に出入りする貿易船数、輸出入品の取扱高、どれをとっても、中国はオランダをはるかに凌駕していた。

家康とその子秀忠は、明との間に国家どうしの正式な外交関係を築くことをあきらめ、すでにさかんになっていた中国商人との経済交流を優先させることとした。当時、明からの商船があいついで長崎などに入港しており、幕府も、明の商人に朱印状を与えたり、日本中どこでも自由に貿易をしてもよいと保証するなど、いったんとぎれてしまった明との関係を、中国商人との民間貿易で埋めていく。

図 5-1　長崎の町並みと出島（寛文長崎図屛風，長崎歴史文化博物館所蔵）

ヨーロッパ商人にくらべると、キリスト教徒ではない中国商人への統制ははるかに緩やかなものだったが、秀忠や家光《いえみつ》の時代になると、中国商船と諸大名との貿易を禁じたり、中国人居住地を長崎の唐人屋敷《とうじんやしき》に限定するなど、徐々に規制が強化されていく。

一六六一年、清は鄭《てい》氏を封じこめるために、海岸から三十里以内を無人とする「遷界令《せんかいれい》」を布いていたが、八四年これを撤廃し、中国商船の海外渡航を許可した。その結果、長崎に入港する中国船の数が激増し、密貿易が横行するようになった。そこで幕府は、元禄二年(一六八九)長崎郊外に唐人屋敷を造り、中国人居住区とした(長崎市館内町)。広さは約九千四百坪、二千人程度の収容力があり、出島よりはるかに大きい。周囲は塀と堀で囲まれ、大門脇の番所で出入りを監視したが、出島のオランダ人にくらべて比較的自由に出入りが許された。

幕府は「オランダ風説書」と同様、中国船から聞き出した情報を、明清交代の当年である正保元年(一六四四)より「唐船《とうせん》風説書」にまとめた。そこでの中国の呼称が、天和二年(一六八二)以降「韃靼《だったん》」から「大清《だいしん》」に変更され、内容もこのころから貿易関連の情報が中心となる。日本にとっての中国が、ようやく脅威の対象から共存の相手へと、しかるべき位置をえたのである。

2　朱印船と唐人町・日本町

唐船と唐人町

十六世紀なかばの大倭寇の時代から、海禁を冒して西日本、とくに九州に渡航する中国人商人の船が急増した。かれらが日本に求めたものはなによりも銀であり、もたらしたものは生糸が中心だった。中国産生糸は日本で仕入れ値の十倍で売れたという。やがてかれらは港町に居留地を形成して貿易活動を展開するまでになる。当時こうした貿易船を「唐船」、居留地を「唐人町《とうじんまち》」とよんだ。「倭寇王」王直が松浦隆信の誘いで開いた居館が、平戸の唐人町の起源となったのは、典型的な例といえよう。

唐人町は九州から本州西端にかけて分布し、とくに大隅と薩摩に密集する。ポルトガル船の来航地と重なることが多いのは、後期倭寇の多民族的性格からして当然だ。唐人町は諸民族が雑居し、種々のことばと文化が交錯する場となった（図5-2）。いっぽう、十六世紀末の朝鮮侵略戦争で日本に連行された人びとが中心となった朝鮮系の居留地も「唐人町」とよばれたが、双方の由来は大きく異なっている。

一五四〇年代、肥前の平戸、豊後の神宮寺《じんぐうじ》浦や佐伯《さいき》浦、薩摩の阿久根《あくね》、大隅の種子島、肥後の天草《あまくさ》など九州の各地、さらには遠く伊勢、摂津、越前などにも唐船の来航があった。このう

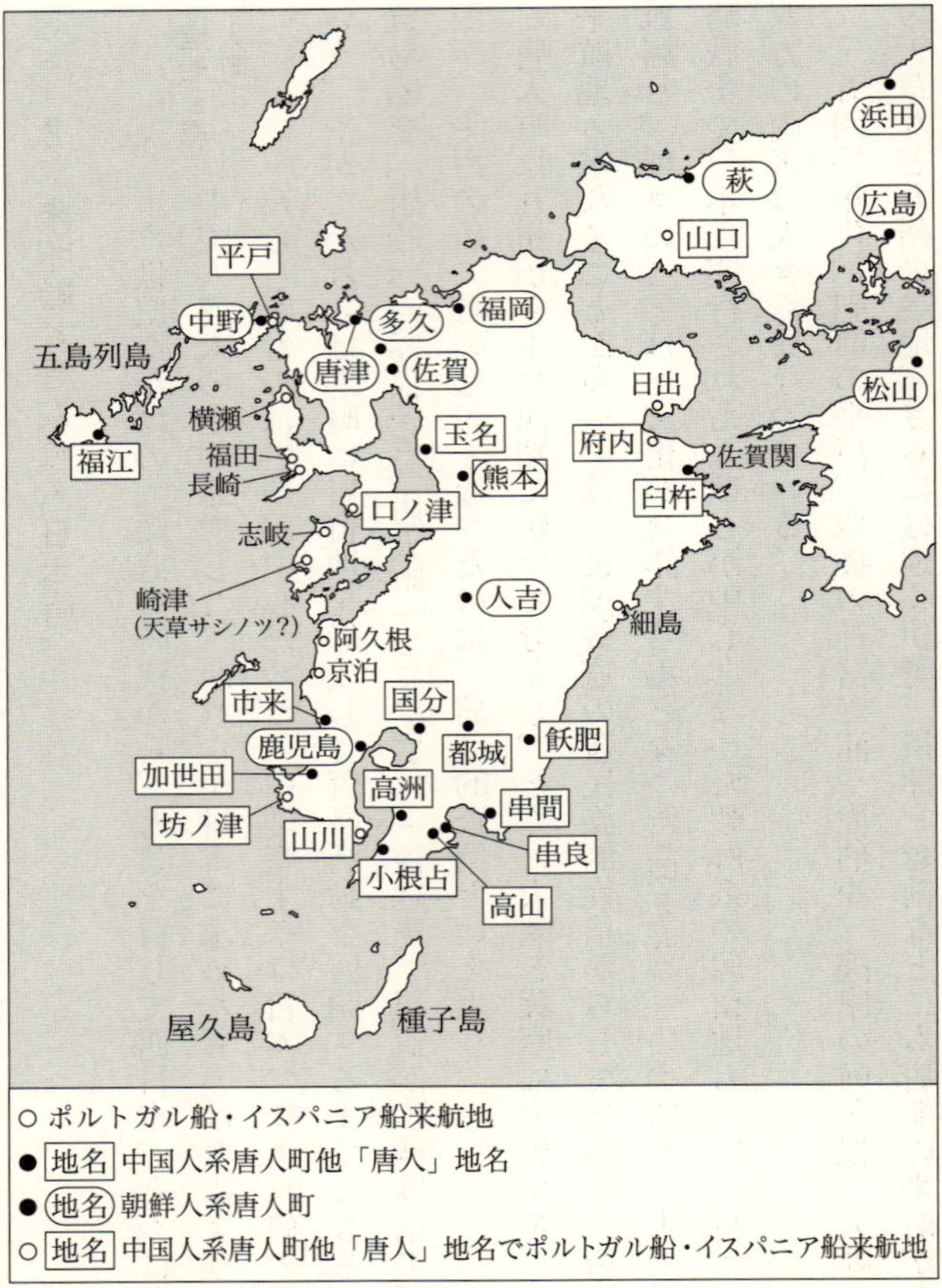

図5-2　唐人町とポルトガル船・イスパニア船来航地(荒野泰典氏作成)

ち四一年の神宮寺浦の事例では、「大明国裏去京万里南境之商賈《しょうこ》」八十余名が風のために漂着し、かれらの希望により琉球経由で帰国させた（『朝鮮中宗実録』）。これはおそらく意図的な漂風で、かれらは福建〜琉球〜九州のルートで密貿易にいそしんでいたのだろう。四四年から四七年にかけて、朝鮮半島西南沿海域に集中的に出没した正体不明の「荒唐船《こうとうせん》」も、そのような後期倭寇の波がおしよせたものだ。

慶長元年（一五九六）、明渡航をもくろんで大隅半島東岸の内之《うちの》浦《うら》を訪れた儒者藤原惺窩《せいか》は、滞在中の明人からルソンや琉球の情報をえている。当時内之浦の湊役人を勤めていた海商竹下宗怡《そうい》は、明人との貿易を営むかたわら琉球にも妻子を置いていた（「南航日記断簡」）。九州と華南を中継する琉球の役割がうかがえる。

一つの事例として、大隅半島の内之浦の反対側にある根占《ねじめ》（禰寝《ねじめ》とも）湊をあげてみよう。天文十三年（一五四四）、小《こ》禰寝港で唐人と南蛮人が争い、そのままぞえで在地の武士池端重尚《いけはたしげなお》が手火矢《てびや》（鉄砲）で討死した（「池端文書」）。天正九年（一五八一）から同十八年にかけて、島津義久から「根占湊小《こ》鷹丸《たかまる》船頭」に宛てた琉球渡海朱印状が五通残されている（『旧記雑録後編』「樺山資之家記幷日誌」「町田氏正統系図」）。そして、根占で錦江湾《きんこうわん》に注ぐ雄川河口の北岸には、「唐人町」の地名が残されている。

唐人町がもっとも栄えたのは、朱印船貿易が盛行した十七世紀初頭、徳川家康の時代だ。九州の各藩は、唐人町の居住者たちに優遇策を施して貿易振興をはかった。しかし、寛永十二年(一六三五)に朱印船をひきついだ奉書船《ほうしょせん》の制度が廃止されると、来航する唐船は長崎を唯一の窓口とするようになる。これによって各地の唐人町は消滅するか内実を失い、逆に長崎が他の唐人町の住人と機能を吸収しつつ成長していった。

異国渡海朱印状と日本町

一六〇一年より、家康は東南アジア諸国に国書を送って、貿易開始交渉を始めた。フィリピン総督グスマン(駐マニラのスペイン人)宛の国書にこうある。

> 旧年、フィリピン近海で海賊行為を行なった賊のうち、日本人は日本において処罰した。一味の明人については本国に送還し、処罰は明の国法に委ねた。また、昨年は日本の国内においても凶徒が反逆を起こした(関ヶ原の戦いのこと)が、これも誅戮した。だから現在の日本は海陸ともに安静で、国家は康寧だ。今後、日本からの船には、この国書に捺した朱印とおなじ印を捺した証明書を携行させることとする。この朱印状を携行しない船は交易を許さなくてよい。

家康は、これと同趣旨の国書を、安南、大泥《パタニ》、柬埔寨、暹羅など東南アジア諸国へつぎつぎに送った。異国渡海朱印状をもつ船には通商許可と保護を要請するいっぽうで、それをもたない船は海賊とみなして交易を許可しないよう求めた（『異国御朱印帳』）。

異国渡海朱印状とはどんな文書だったのか。薩摩山川の商人大迫吉之丞が島津義弘を介して取得した朱印状（図5-3）を見てみよう。まず「日本より東埔寨に到る舟なり」と渡航先が記され、「慶長拾貳年丁未十月初六日」と発行年月日が書かれ、年号の左には外交文書にのみ使用された「源家康忠恕」という朱印が捺されている。「忠恕《ちゅうじょ》」とは真心を尽くすという意味だ。

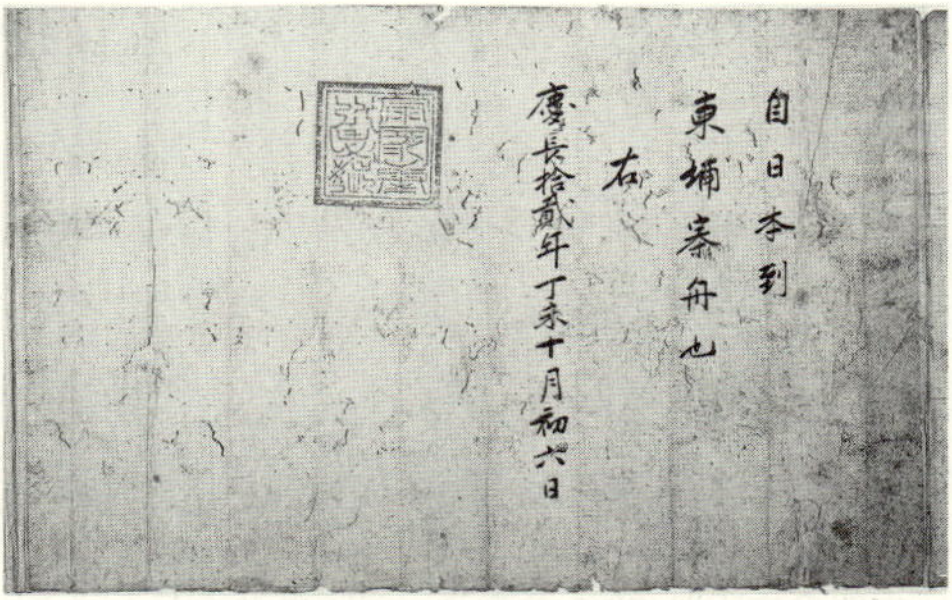
自日本到
東埔寨舟也
右
慶長拾貳年丁未十月初六日

図5-3　異国渡海朱印状（個人蔵，鹿児島県歴史資料センター黎明館保管）

朱印船貿易の活性化により、貿易船の渡航先に身内や使用人を滞在させる商人もあらわれた。駐在員は、市場の動向などの情報収集や、日本むけ商品の買付け、日本から運んだ商品の販売などにあたった。こうして、交趾（ベトナム）のフェフォ（ホイアン）、暹羅のアユタヤ、フィリピンのマニラなど、東南アジア各地の港市に日本町《にほんまち》が生まれた。日本町には最盛期で五千人以上が住んでいたという。

名古屋の日蓮宗寺院情妙寺《じょうみょうじ》が所蔵する『茶屋交趾貿易

図 5-4　茶屋新六郎の朱印船（情妙寺所蔵，図版提供・九州国立博物館）

渡海絵図』（図5-4）には、朱印船貿易家茶屋《ちゃや》新六郎が、一六一二年に交趾の高官に貢物を献上するようすが描かれている。茶屋家は、三代清次《きよつぐ》が安南国あての朱印状を家康から下付されて朱印船貿易に参入、以後五代目にいたるまで、計十一回にわたり朱印船を派遣した。絵巻に描かれた港町ツーランには日本町が造られ、約二百人の日本人が暮らし、近くには貿易を管理する役所も設けられた。ツーランは現在の大都市ダナンにあたるが、日本町としては三十キロメートルほど南のフェフォの方がずっと大きかったらしい。

朱印船貿易の盛衰

朱印船の総船数は、一六〇四〜三五年の三十二年間で三百五十六隻にのぼり、多い年には二十隻以上が渡航した（図5-5）。朱印状の受給者は総数百五人で、上位から商人、華人、ヨーロッパ人、大名、武士の順となる。このように朱印船には中国やポルトガルなど外国人を船主とする船もふくまれていたが、その実質

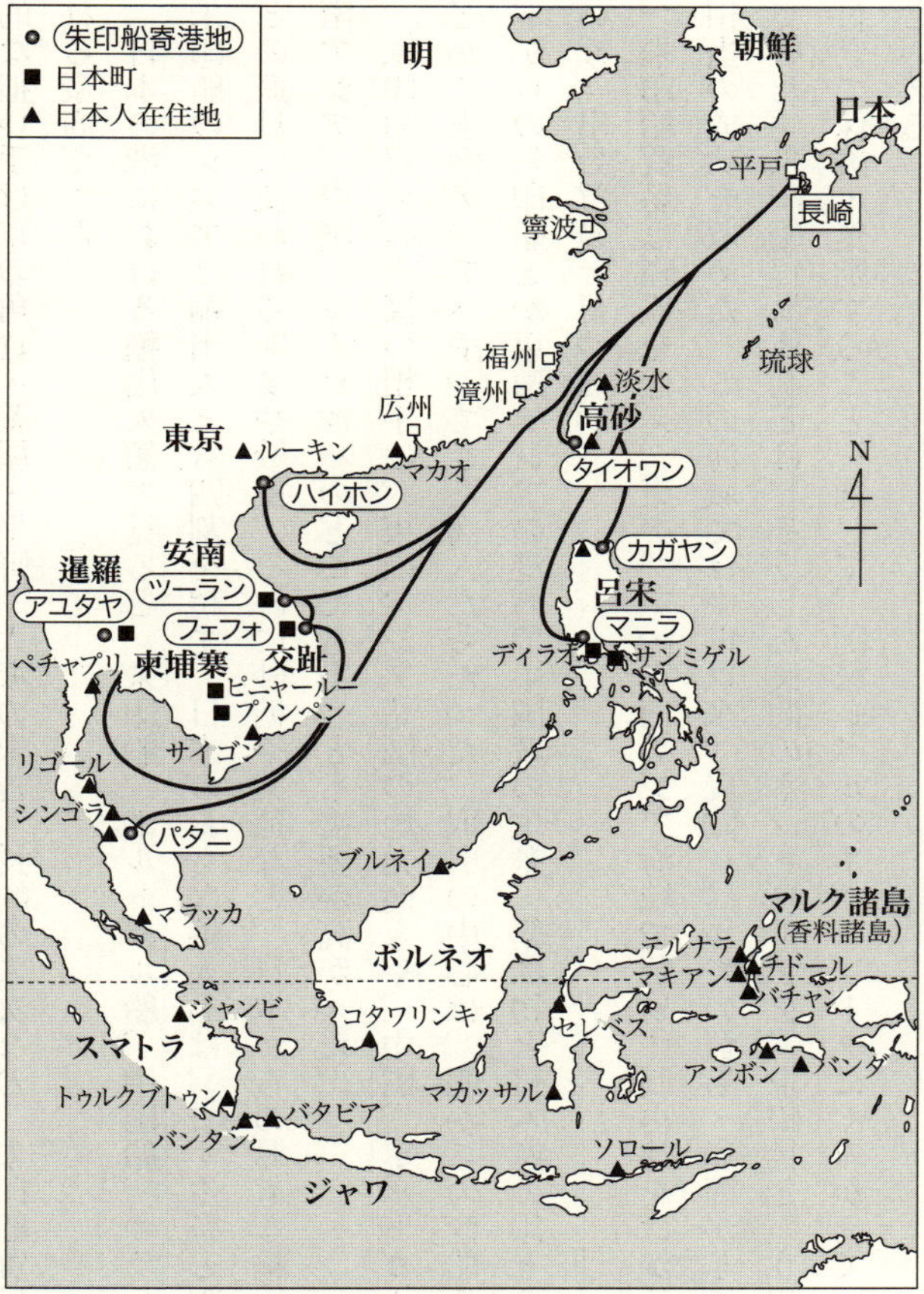

朱印船寄港地
日本町
日本人在住地
明
朝鮮
日本
平戸
長崎
寧波
福州
漳州
琉球
淡水
高砂
広州
東京
ルーキン
マカオ
ハイホン
タイオワン
N
カガヤン
呂宋
マニラ
ディラオ
サンミゲル
安南
暹羅
ツーラン
アユタヤ
フェフォ
交趾
ペチャプリ
東埔寨
ピニャールー
プノンペン
サイゴン
リゴール
シンゴラ
パタニ
ブルネイ
マルク諸島
(香料諸島)
マラッカ
ボルネオ
テルナテ
チドール
マキアン
バチャン
ジャンビ
コタワリンキ
セレベス
スマトラ
アンボン
バンダ
トゥルクブトゥン
マカッサル
バタビア
バンタン
ソロール
ジャワ

図 5-5　朱印船ルート図

的な担い手は京の角倉《すみのくら》・茶屋・平野、大坂の末吉《すえよし》、長崎の末次《すえつぐ》など、朱印船貿易家として知られる豪商だった。

日本の港における輸出入額で見ると、朱印船、ポルトガル船、中国船、オランダ船の順で、朱印船のシェアは輸出入とも四割を超す。日本のおもな輸入品は、まず生糸と絹織物、甲冑などの武具に使われる鹿皮や鮫皮、それに砂糖や薬種など。日本からのおもな輸出品は銀で、東南アジア、中国、ヨーロッパのどこでももっとも需要が高かった。

朱印船貿易の直接の相手は、東南アジア諸国の地元商人や、中国、ポルトガル、オランダなどから東南アジアへやってきた商人たちだった。取引の中心は、明からの商船や密貿易船と日本からの朱印船とが東南アジアの港湾で中国産の生糸・絹織物と日本産の銀とを交換する、という「出《で》会《あい》貿易」だった。

朱印船貿易は隆盛を迎え、東アジア・東南アジア海域で貿易体制再建をはかる幕府の意図は、相当の成功を収めた。この海域では中世以来、民間レベルでの貿易・通商がしきりに行なわれていた。朱印船貿易体制とは、そうした民間のネットワークを、朱印状という政府発給のお墨付きで保護・奨励することを通じて、国家レベルのネットワークにくみかえていく試みだったといえる。

家康の推進した親善外交と朱印船貿易は、秀吉政権の強硬外交と明瞭なコントラストをなしている。だがいっぽうでは、秀吉段階で準備されていた外交・貿易体制を継承する性格をもっていた。秀吉発給の渡海朱印状は一通も現存していないが、国家・政府が貿易船に渡航許可証を与えるというシステム自体は、原初的な形態が秀吉時代に存在したとみてよい。密貿易や海賊を国家の名において停止し、私貿易に一定の枠をはめて管理し、海上の安全を維持するという家康の路線は、秀吉の天正十六年（一五八八）「海賊停止令」（第三章3参照）と方向性をおなじくするものといえる。

朱印船の出会貿易という形態は、渡航先や往復の海上で競争相手とのトラブルが絶えず、それが朱印船の半公的性格によって容易に国際紛争に発展し、幕府の体面を傷つける結果になった。また朱印船を使ってキリシタンが往来したり、貿易から締め出された事業者が密貿易や他人名義の貿易に手を染めたり、という弊害も生じた。日本人の出入国全面禁止を定めた寛永十二年（一六三五）の法令により、江戸時代初期の対外関係をいろどる朱印船貿易は跡をたつことになる。

3　生産力の解放、人口の急増

十七世紀の高度経済成長

十七世紀の百年間には、さまざまな産業分野でめざましい生産力の伸長が見られた。戦国の分裂争乱において、攻撃や防禦、兵糧の確保、兵站《へいたん》輸送などに駆使された諸技術は、統一権力によって、鉱山の開発、耕地の造成、治水や利水などに応用され、権力の分散した中世には考えられなかった増産をもたらした。

　そのもっとも大きな原因は、幕藩制国家という、封建支配原理のもとでは最高度に集権的な国家権力が、資源と技術と労働力を組織的に結合し、生産力の開発を有効にバックアップしたことだ。逆に、生産力の発展が圧倒的な軍事力を支え、そこから中央集権的な権力が生まれたとも考えられる。そうした相互作用がうまくかみあって、「十七世紀の高度経済成長」とよべるような状況が現出した。

「四つの口」（本章4参照）があったことでも明らかなように、江戸時代の日本は自給自足経済ではない。貿易は続けられているし、外来の品物を珍重する雰囲気ももちろんあった。しかし、生産力の飛躍的な発展は、日本の経済や社会体制がかなりの程度、国際的に自立できる条件を作ったといえる。「徳川三百年」の平和と安定は、基底的にはこれにささえられて実現した。

十七世紀末～十八世紀はじめには生産力は飽和状態となり、以後はそれを食いつぶしていくことで、幕藩制は命脈を保ったといっても過言ではない。

鉱業分野の状況は石見銀山を中心に第二章4で述べたので、この節ではそれ以外の諸産業分野について、「高度経済成長」のありさまを見ていきたい。

新田開発と人口の急増

農業生産力は、十七世紀、大規模な新田開発と農法改良による反当《たんあたり》収量増によって急伸し、その後は緩やかな増加に留まった。一五九八年に全国総石高《こくだか》は一千八百五十一万石だったが、一六四五年には二千四百五十五万石、一六九七年には二千五百八十八万石、一八三〇年には三千五十六万石、一八七三年には三千二百一万石と推移する。一五九八～一六九七年に一四〇パーセント、一六九七～一八七三年に一二四パーセントの増加となり、十七世紀、とくにその前半に増加率が大きい。地域的に見ると、田積《でんせき》の増加率は、中世までに開発が飽和状態に達していた畿内とその周辺で低く、関東、東北、九州、中国・四国地方、ことに東北地方で高い。

大規模な新田開発にあたっては、幕府が積極的な奨励策をとった。諸役免除、牢人《ろうにん》の移住奨励、無利子での種子貸与などの施策が知られている。そこには戦国時代以来進歩した土木技術が幕府の主導で投入された。工事の根幹は治水で、築堤、曲流の修正、遊水池の設置などによって氾濫を抑止し、水田の安定化がはかられた。

その代表例が元和七年（一六二一）に着手して承応三年（一六五四）ようやく完成した利根川《とねがわ》の流路変更で、東京湾に注いでいた利根川を銚子《ちょうし》で太平洋に注ぐ現在のものにつけかえた大工事だ。その目的は、関東平野東部の新田開発のほかに、首都江戸の水害対策や、江戸と関東各地を結ぶ水運路の整備も大きかった。

また、用水（人工灌漑）技術の進歩も可耕地の拡大に寄与した。

生産力拡大は人口増に連動する。日本の総人口は、一六〇〇年ころに一千二百七十万人余だったが、一七二一年には二千六百万人余となり、以後幕末まで二千四百九十～二千七百二十万の間でほぼ横ばいとなる。十七世紀の百年間にほぼ倍増したと推定され、これは石高の増加率をかなり上まわっている。石高には反映されない「余徳」の存在をうかがわせる。

軍事と技術革新

江戸幕府がいわゆる「一国一城令」を発する以前、日本列島は城で満ちていた（第一章2参照）。築城には想像を絶するほどの労働力が投入されたにちがいないが、同時にそれは掘削《くっさく》、削平《さくへい》、版築《はんちく》、穿孔《せんこう》などの土木技術の急速な発展をもたらした。他方、城攻めの戦法にも、付城《つけじろ》の設定、穴掘りによる敵城侵入、背の高い構築物による高低差の克服など、土木技術を駆使したものが少なくない。

戦国大名は殖産興業にも力を注いだが、とくに鉱山開発は戦争関連の土木技術が容易に応用できる分野だった。たとえば、甲斐武田氏の金山開発はよく知られているが、それをになった金山《かなやま》衆は敵城を攻めるさいの穴掘り技術のもちぬしだった。また農業分野への応用も見られる。早期の治水工事として著名な「信玄堤《しんげんづつみ》」や、用水を通すトンネル工事などがその実例だ。

十六世紀なかば近くにあらたに獲得された軍事技術に、鉄砲を用いる砲術《ほうじゅつ》がある。砲術は、砲身・弾丸の製造や火薬の調合（とうぜん原料の調達をふくむ）から、発射法や陣形にいたるまで、多様な技術の複合体なので、多くの分野を効率的に結合させる権力体を必要とした。戦国大名が競って名のりをあげたが、最終的に鉄砲を有効に使いきったのは、織田・豊臣・徳川の「天下人」だった。戦いの規模が大きくなるとともに、鉄砲の大型化が進み、大筒《おおづつ》・石火矢《いしびや》などとよばれる大砲も使われるようになった。

織田・徳川連合軍が武田軍を破った天正三年（一五七五）の長篠の戦いをとりあげて、鉄砲が「戦国の軍事革命」をひき起こしたと言われる。この合戦が鉄砲の組織的使用の面で画期をなしたことは事実だが、その後も正規の戦闘員はなお騎兵であり、鉄砲衆は槍衆とならんで一定の（むろん重要な）比重を占めるにとどまった。慶長十九（一六一四）・二十年の大坂の陣あたりまでは、実戦に鉄砲が活躍する機会も多かったが、元和《げんな》偃武《えんぶ》で実戦の機会がほとんどなくなって以後は、実践的な戦争技術としては停滞し、砲術も「武芸」とみなされて、多くの流派が秘伝を伝えていくようになる。

広域交通システムの創出

　朝鮮侵略のころ、前田家の奉行が、秀吉政権の勘定方奉行山中長俊からの指示で、加賀江沼《えぬま》郡の米を越前敦賀《つるが》に運ぶにさいして、越前三国《みくに》湊の問丸《といまる》にこう依頼している（「森田文書」）。

> 北方（北潟《きたかた》）まで川舟にて差し上《のぼ》させ、それより三国まで駄賃馬《だちんば》にて遣はし、三国より舟にて敦加（敦賀）へ指し上させ申したく候条、其元《そこもと》御馳走（奔走）頼み入るの由、山城（長俊）申され候。

米は大聖寺川《だいしょうじがわ》を川舟で下って吉崎《よしざき》から北潟に入り、北潟の奥で駄賃馬に積み替えられて三国湊に運ばれ、さらに海船で敦賀まで届けられる手はずだった。川や潟を利用する内水面ルートは、現在よりはるかに潟の面積が広かった前近代では、さかんに利用されていた。とくに海の荒れる冬場には、海路のサブ・ルートとして有用だったにちがいない。

　侵略戦争に必要な兵站物資の輸送システムの確立という豊臣政権の要請が、三国湊の問丸という有力物流業者をキーマンとして、実現している。書状の関心は、もっとも効率のよいルートはどれか、運送時間は短縮できるか、運賃はどれくらいか、といった実務的事項に集中しているが、それを必然化したのが「戦争」という大目的だった。

敦賀から先の輸送についても同様の措置が施された。開戦一月半前に、前田家家臣から「賀州・能州諸浦中」に宛てて、「敦賀高嶋屋《たかしまや》船かこ《（水手）》共の義、去年より高嶋屋やとひ《（雇）》候かこ共、いづれも罷り上るべく候。敦賀の米九州へ遣はされ候間、早々かこ共此土へ迄罷り上るべく候也」という指示が出された。敦賀の米を肥前名護屋へ送るために、敦賀の豪商高島屋が船を提供し、加賀・能登の諸浦から水手《かこ》を雇い入れていた。その見返りとして、高島屋に対しては、前田家より北陸米運送の独占権が認められた（「小宮山文書」）。

若狭小浜《おばま》の豪商組屋源四郎・古関《こせき》与三右衛門のばあい、戦争への関与はより直接的だった。水手役の免除とひきかえにかれら自身が上乗《うわのり》奉行として九州へ動員され、同時に九州へ送るべき米や大豆（馬の食糧となる）の入手元・数量・升・保管場所・使用船・運賃などについて、豊臣大名浅野《あさの》長政《ながまさ》から細かい指示が与えられている（「組屋文書」）。

瀬戸内海航路でも、豊臣大名増田《ました》長盛《ながもり》が安芸広島《ひろしま》の商人桑原《くわばら》二郎四郎に対して、広島↓鞆《とも》↓下津井《しもつい》↓室《むろ》↓明石《あかし》↓兵庫↓大坂の「次船」（継ぎ船）について指示を下している。その目的は、朝鮮の前線から送られてくる報告を、大坂の秀吉のもとに油断なく届けさせることにあった（「広島県立博物館所蔵文書」）。

近世の海運は、東廻り・西廻り航路や江戸・大坂間の廻船《かいせん》などに典型的なように、中世よりはるかに全国的で整ったシステムをもっていた。近世経済史では、幕藩制成立にともなってシステムがあらたに登場したかのように説明されがちだが、その歴史的前提として、豊臣政権が侵略戦争遂行のために、主要な港湾都市の海運業者たちを強力に組織化し、中世的な分立を克服させ、戦争に動員していった経緯があったことを忘れてはならない。

通貨革命と石高制

通貨供給という広義の交通に眼を転じよう。一五七一年、スペインがメキシコのアカプルコとフィリピンのマニラを結ぶ定期航路を開くと、この航路をたどって、アマルガム精錬法により世界最大の銀産地にのしあがった南米の銀が、中国に殺到する。その結果、日本への銅銭搬出基地だった福建地方が銀経済圏に塗りかわってしまい、日本への銅銭供給が途絶してしまう。

銭貨による安定的な取引が阻害され、中国製・日本製の私鋳銭が大量に出まわり、撰銭行為の統制が戦国大名や織田信長にとって深刻な課題となった（第一章2・第三章1参照）。日本の経済社会で、取引では銭遣いから米遣いへ、価額表示では貫高から石高へ、という転換（一見すると逆行）が生じたのが、ちょうどこのころだ。江戸時代の知行制度の根幹をなす石高制は、こうした国際環境をぬきにしては説明できない。

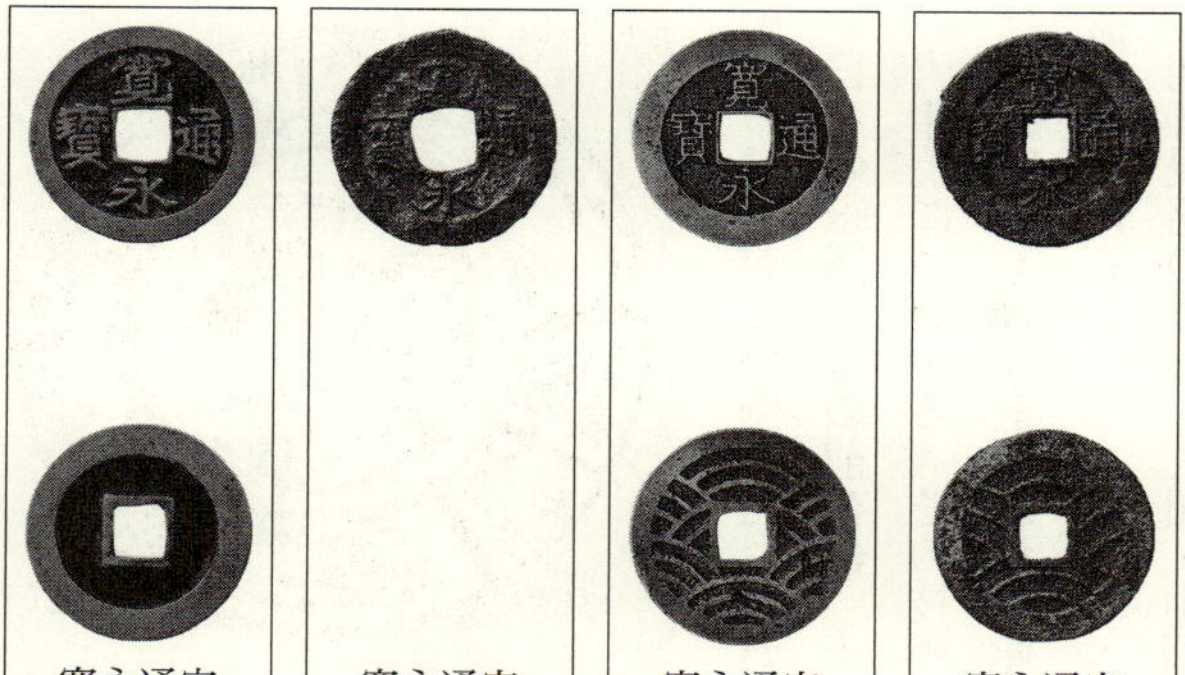

寛永通宝（銅一文銭）1636年

寛永通宝（鉄一文銭）1739年

寛永通宝（真鍮四文銭）1768年

寛永通宝（鉄）1860年

図 5-6　諸種の寛永通宝（日本銀行貨幣博物館所蔵）

戦国末から江戸初期にかけて、日本は通貨材料としての銀の大生産地だったが、国内に残る銀はほんのわずかで、ほとんどが輸出されていた。それを野放しにしておいては国家の威信に関わるというので、銀の流出を止めようとする動きが起こる。それを実現させたのが、鎖国、そのじつ海禁の体制の整備だった。幕府が寛永十三年（一六三六）から始めた銅貨「寛永通宝《かんえいつうほう》」（図5-6）の発行は、自国鋳貨不在の中世的状況に終止符をうつ画期的事業であり、金・銀・銅銭の三貨体制という国内通貨システムとあいまって、幕藩制の経済的自給システムを通貨面から支えた。

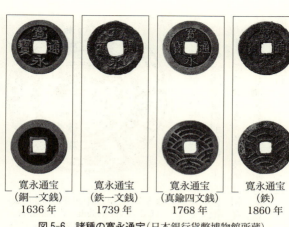

窯業技術の急速な進歩

中国磁器は日本の中世を通じて中心的な輸入品だった。高麗では、早い時期から磁器が生産され、象嵌《ぞうがん》青磁という

図 5-7　古伊万里(出光美術館所蔵)
VOC は Vereenigde　Oostindische Compagnie(オランダ東インド会社)の略号．ヨーロッパからの注文生産が行なわれていた．

独自の意匠を開発するまでになり、その流れは朝鮮時代に粉青沙器《ふんせいさき》をへて白磁へとひきつがれた。しかし日本では、高級品専門の窯である瀬《せ》戸《と》で模倣が試みられたが、技術はなお施釉《せゆう》陶器の段階だった。原料は、陶器は粘土、磁器は陶石の粉末である。窯は、陶器が一千度程度出る窖窯《あながま》で充分なのに対して、磁器焼成には一千三百度近くを要する。中世社会が自力の磁器生産を望まなかったはずはないが、そこには生産技術上の越えがたい壁がたちはだかっていた。

日本の磁器生産の前夜は、十六世紀に佐賀県の岸岳《きしだけ》山麓で焼かれた肥前陶器で、これが現在の唐津《からつ》焼《やき》につながる。その技術は朝鮮人陶工の渡来を考えなければ説明がつかないという。窯は十数段にも焼成室を連ねた連房《れんぼう》式登り窯で、これなら磁器焼成も可能な高温が出せるが、残念ながら陶石が入手できなかった。

朝鮮侵略の終盤、九州・中国の諸大名が朝鮮人陶工を連行し、自領内で起業させた。鍋島氏が連行した李参平《りさんぺい》は、有田《ありた》で巨大な陶石層を発見した。近辺には水運や唐臼《からうす》(陶石を挽く道具)設置に便利な中小河川があり、磁器焼成に必要な還元炎を出す松の薪が豊富にえられた。その他、島津氏が薩摩苗代川《なえしろがわ》焼を、細川氏が豊前上野《あがの》焼を、黒田氏が筑前高取《たかとり》焼を、毛利氏が長門萩《はぎ》焼を、同様の経緯で興し、それぞれ今も続く窯場となっている。

一六四四年の明清交代を中心とする中国の戦乱が、景徳鎮《けいとくちん》など中国磁器の大生産地にダメージを与えたことは、日本の窯業にとって望外の好運だった。中国における磁器生産の不振に便乗するかたちで、どんどん海外に日本の磁器が輸出されていく。とくに有田焼は、景徳鎮の色絵磁器の代替品を大量に生産し、積出港の名をとった「伊万里《いまり》」は世界的なブランドとなった(図5-7)。このようにして、十七世紀中葉のわずか数十年間で、日本の窯業は世界最高といわれる中国磁器にほぼ追いついてしまう。

4　「日本型華夷秩序」の創出

キリシタン弾圧と宗門人別改

徳川家康は当初、禁教の原則は保持しつつも、布教と貿易が分離しがたいという現状を追認することで、ポルトガル貿易の振興をはかった。しかし、布教と貿易の一体性は「大航海時代」のヨーロッパ勢力の本来的属性であり、貿易船に便乗した宣教師の潜入を根絶するのは不可能だった。政権は、熱狂的な信徒による神道・仏教破壊に衝撃を受け、しだいにキリスト教を「邪法」と断じて浸透防止を重点課題とするようになり、秀忠時代に入るとしばしば殉教事件も起きた。

信徒組合《コンフラリア》に結集して超越神に忠誠を誓うキリシタンの態度や、世界を股にかける本国の偉大さをちらつかせるヨーロッパ人の言動は、誕生まもない幕府の首脳が「日本」という国家の観念を形成するのに大きく寄与した。かれらは秀吉の「バテレン追放令」を継承して、自国のアイデンティティを「きりしたん国」に対置された「神国」に見いだし、双方の宗教的な習俗のちがいをことさらに強調して、キリスト教を「神敵仏敵」だと断じた。慶長十八年（一六一三）には、言いまわしまで「バテレン追放令」に似たキリスト教禁令を出している（『異国日記』）。

慶長十九・二十年の大坂の陣で、豊臣方に相当数のキリシタンがいたことは、幕府の警戒心をあおりたてた。ヨーロッパ系の外国人が長崎・平戸以外で貿易することを禁じた元和二年（一六一六）の法令は、キリスト教の浸透を防ぐには貿易統制が不可欠であることを、幕府が認識したことを物語っている。

幕藩権力がキリスト教を真の脅威として痛感したのは、寛永十四（一六三七）～十五年に起きた島原《しまばら》・天草《あまくさ》のキリシタン大一揆だった。幕府は、幕藩制の軍事システムを本格的に発動して鎮圧にあたったが、それでも幕府の上使板倉重昌《いたくらしげまさ》が戦死し、乱後島原の領主松倉《まつくら》家と天草の領主寺沢《てらさわ》家がともに断絶するなど、手痛い打撃をこうむった。

　結局幕府は、キリシタン禁制を旗じるしに、対外交通の国家による徹底した管理体制を築いていく。徳川家光は寛永十年（一六三三）に日本人の海外往来禁止、バテレンの布教活動とりしまり、外国船との貿易とりしまりを骨子とする「寛永の鎖国令」を発した。それは同十三年まで小改訂が重ねられ、島原・天草一揆が平定された翌年の同十六年、ポルトガル船の来航を完全に禁止することで完成した。幕府は、翌年長崎に来航したマカオからの使船を焼き沈め、使節ら六十一人を処刑するという強硬姿勢をあらわにする。

　これはたしかにアジア的な「海禁」の徹底したかたちといえよう。しかしその徹底ぶりには、キリシタンの根絶というこの時期固有の国家イデオロギーが猛威をふるった。それは国内の人民支配にはねかえり、在地の郷村にキリシタンがいないことを証明させる宗門人別《しゅうもんにんべつ》改《あらため》を通じて、十七世紀なかばまでに、戸籍制度に相当する国民把握のシステムが創出された。国家レベルはおろか荘園や村落のレベルでさえ、権力が全住民を把握するシステムをもたなかった中世と対比すれば、近世社会が、対外的にも国内的にも、キリシタン問題を軸として大きく旋回したことがわかる。幕府はキリシタン根絶をふりかざすことで、大名領内の支配にも、人民の精神・物質両面における生活にも、強力に干渉できる切札をえたのだった。

明清交代と江戸幕府の対応

女真族のヌルハチが後金を建てた一六一六年当時、配下の兵力は五万、人口は数十万程度だったという。これは明の府ひとつ程度にすぎない。それだけに、一九年サルフで十万以上の明軍が大敗を喫したことは、明を浮き足だたせ、状勢は急に動き始める。後金は、二一年には遼陽《りょうよう》・瀋陽《しんよう》を陥し、遼陽に遷都した。二七年と三六年には朝鮮半島に侵入した(丁卯・丙子胡乱)。いっぽう明では、朝廷の無能と高官たちの党争もあって、中央政府の地方統治がゆるみ、西安《せいあん》の李自成《りじせい》や四川《しせん》の張献忠《ちょうけんちゅう》など地方勢力の自立が進んだ。

ついに一六四四年、李自成が北京を陥落させて崇禎帝《すうてい》を自殺に追いこみ、明は内側から崩壊した。山海関《さんかいかん》で清(後金が三六年に改称)軍と対峙していた明将呉三桂《ごさんけい》は、これを聞くや降伏し、みずから清軍を北京へ導いた。清軍はかんたんに李自成を追いはらって北京に入城する。

清は、丙子胡乱後の一六三七年に朝鮮を冊封したのを皮切りに、五四年に琉球、六六年に安南、七三年に暹羅《シャム》を冊封し、自己を中心とする国際秩序を創出していった。国内においても、八一年に呉三桂らによる「三藩の乱」が平定され、鄭成功《ていせいこう》(国姓爺《こくせんや》)やその子孫が台湾を根拠地

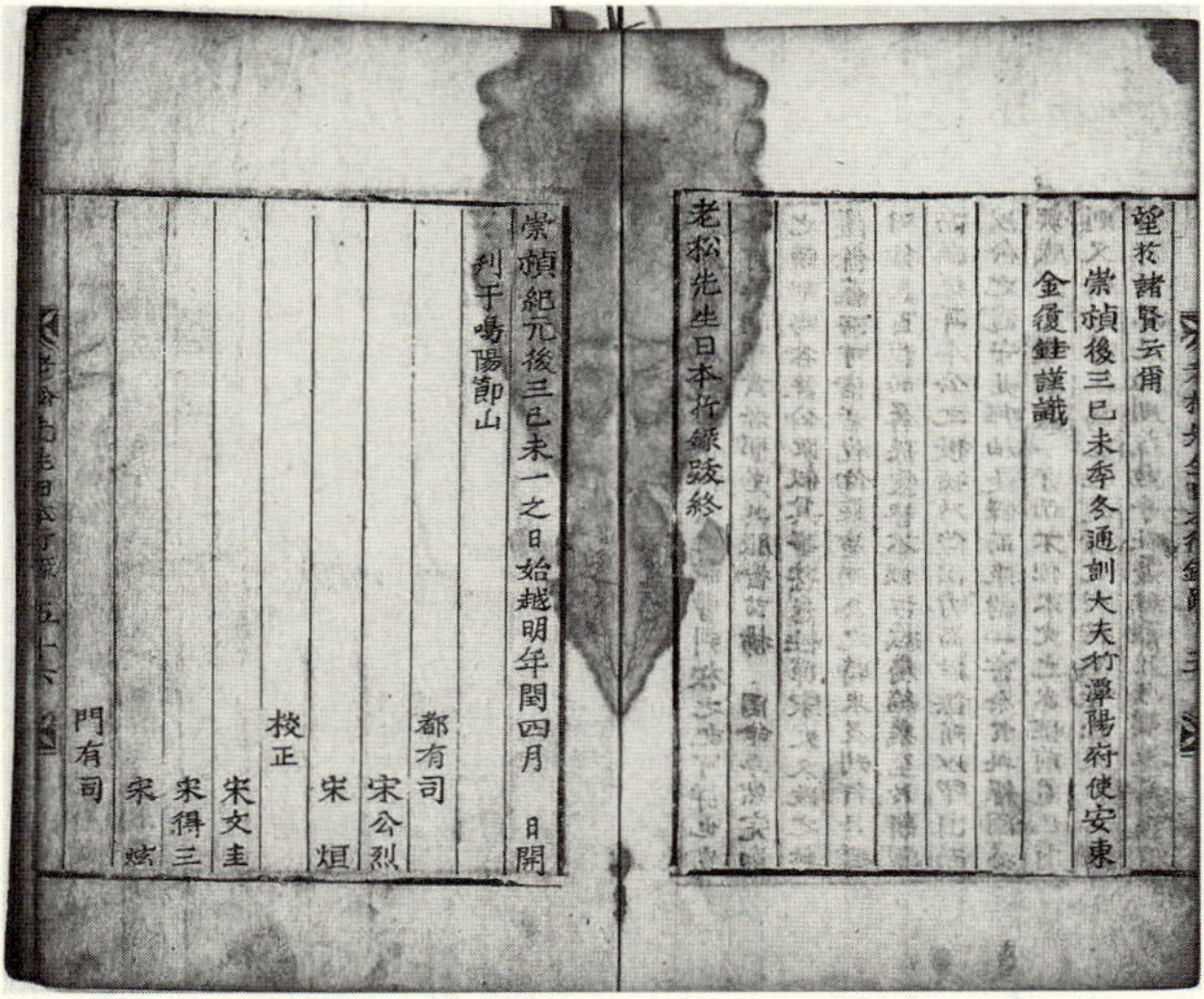

図 5-8　木活字本『老松先生日本行録』刊記（京都大学附属図書館所蔵）
「崇禎（紀元）後三己未」は崇禎 17 年（1644）の明滅亡後に巡ってくる三度目の己未の年の意で，西暦 1799 年にあたる．

にねばりづよく続けた「鄭氏の乱」も、八三年終息した。これでようやく清の支配が中国全土におよぶようになった。

明から清への交代は東アジアにはかりしれない衝撃を与えた。清自身はみずからを中華の主として認知させるために、中国的な文物・制度をとりいれ、文化を奨励した。その結果、十七世紀後半から十八世紀に、康熙《こうき》・雍正《ようせい》・乾隆《けんりゅう》の盛代が出現した。しかし朝鮮は、清の冊封を受け入れつつも、内心では、明の滅亡で中原から失われた「中華」を継承している、という自尊意識を保持した。宋時烈を筆頭とする正統派朱子学者が呼号した「北伐論」は極端な例としても、朝鮮の知識人が明滅亡後も長く使用した「崇禎紀元《すうていきげん》」という特異な紀年法（崇禎は明最後の年号）は、その間の事情をよく示している（図5－8）。

　では日本はどうだったか。明清交代後、明皇室の生き残りをかついだ地方政権が、南京《ナンキン》・福州・広東《カントン》にあいついで樹立された。これらを「南明《なんみん》政権」と総称する。正保二年（一六四五）末、鄭芝龍《ていしりゅう》に擁立された福州の唐王政権の使者が長崎に来て軍事援助を求めた。翌年はじめこれを聞いた京都所司代板倉重宗《しげむね》は、甥重矩《しげのり》への手紙に「日本の御手柄此の上これなく候、御加勢申したく候。我ら年より、久しく御奉公成りがたく候間、同じくは大明へ渡り申したく候」と書いた（『福島板倉家文書』）。復明《ふくみん》運動に荷担しようとする重宗の論理は、戦勝を「日本の御手柄」として武威を発揚しようとするところにあった。

　しかし幕府自身は、復明運動への荷担がいたずらに日本の武威を傷つける結果にならぬように、という判断から、南明政権の要請を断った。諸大名の間には、将軍の命《めい》さえあれば出兵も辞さないという空気があったから、必要とされたのは、なぜあえて武威を発動しないかを説明する論理だ。それが、目に見える武威よりは、天下太平を実現した自己の「威徳」に、政権維持の根拠を求めることだった。

近世日本の「四つの口」

近年、長崎だけを「鎖国日本」の窓口とみるのでなく、対馬を通じる朝鮮との関係、薩摩を通じる琉球・中国南部との関係、松前を通じる蝦夷地との関係を加えて、「四つの口」として把握し、その総体として近世の対外関係を考える学説が一般化しつつある。そのメリットのひとつは、「鎖国」を近世日本に独特のものとしてしまうのでなく、中世からの連続面と断絶面を統一的に理解する視点を提供した点にある。「四つの口」のうち対馬・薩摩・松前の三つは、それぞれの藩に対外機能を委ねることでなりたっている。藩の側から見れば、対馬藩は朝鮮との、薩摩藩は琉球との、松前藩はアイヌ民族との交渉・交易を、「家役《かやく》」として請け負ったかたちになる。これは宗氏・島津氏・松前氏という中世以来連続する大名＝地域権力が、それぞれの地理的位置に基づいてつちかってきた対外関係を、幕藩制の論理のもとに再編成したものだ。そこでは、中央集中的な対外関係の編成が貫徹せず、〈領主制的〉特徴が強固に遺った。

対馬藩は、通常大名が負担すべき参勤交代《さんきんこうたい》などの「役」を軽減され、また藩領の土地生産力をはるかにうわまわる「十万石格」を認められていた。幕府が朝鮮外交を直轄しなかった理由は、第一に、中世以来対馬がつちかってきた外交能力なしには外交を円滑に進めることがむずかしかったこと、第二に、朝鮮側も宗氏以外の者が外交の場に出てくることを望まなかったこと、の二つであろう。江戸時代後期に朝鮮貿易のうまみが薄れ、「朝鮮押えの役」が藩にとって過大な負担になってくると、対馬藩は内地への転封を口にして幕府から援助をひきだすようになるが、対馬をさしおいてその役をはたせる藩はなかった。

薩摩藩の石高には琉球の分がふくまれており、その意味で琉球は幕藩制的知行体系に組みこまれていた。しかし琉球王府は、薩摩藩の監視を受けながらも、独立の国家機構を維持して国内の人民支配を実現し、中国に対しては独立国として冊封関係をもちつづけた。これは「異国」を従える雄藩であることを誇示したい薩摩藩と、中国との交渉に中琉関係を利用したい幕府との、思惑が一致した結果だった。それだけに、右のわくぐみを幕府が一方的に変更することは不可能であり、その結果琉球人が自己を「日本」の一部とする意識は育ちにくかった。幕府倒壊の過程で、琉球の一部知識人が清の側につこうとしたことは、幕藩制のもとで琉球のおかれた二重の位置づけを照らしだしている。

松前藩はいちおう「一万石格」とされていたが、その領知を記した朱印状には、アイヌ交易の管轄権しか記されず、石高の記載が欠けていた。藩は封地のかわりにアイヌとの交易権を知行として家臣に与え(商場《あきないば》知行制)、のちにはこれが商人の請負に委ねられるにいたった(場《ば》所請《しょうけ》負《おい》制)。このシステムによって内地にもたらされる蝦夷地の産物は、上方や江戸における重要な消費物資となり、また長崎の中国貿易における輸出品となった。ロシアの勢力が北辺におよび、海防問題がかまびすしくなると、幕府は蝦夷地を直轄領に編入する措置をとったが(東蝦夷地が一八〇二年、西蝦夷地が一八〇七年)、ほどなく松前藩に返さざるをえなかった(一八二一年)。

これに対して「長崎口」の性格はまったく異なる。長崎は幕府から派遣され、任期満了で交代する奉行が支配する幕府直轄地であり、江戸からの指示を指揮系統にしたがって実行するという〈官僚制的〉性格がつらぬいている。日本の海岸にあらわれる外国船は、漂流であれ通商を目的とするものであれ、すべて長崎に回航され、長崎奉行の取調べを受けるきまりだった。「長崎口」こそ中世的分散性を払拭した近世の創造物であり、近代的な対外交通管理を準備したものといえよう。ただし、長崎が「口」を分担したのはオランダ船および中国船に対してであり、両者はあくまで民間の貿易船の扱い(通商)であって、国交の対象(通信)ではなかった。

近世のいわゆる「鎖国体制」とは、外との関係をいっさい断つことではなかった。外に開く口を限定してその他の海岸を封鎖し、国民の自由な出入りを断つことにより、国家が対外関係のすべてを掌握する体制であって、明初に始まる「海禁」の一類型である。じっさい、海岸の封鎖は明・清にも朝鮮にも例があるし、幕府当局者は「鎖国」とはいわず「海禁」の語を用いている。

この前提のもと、幕藩制国家は、国策上許容される範囲で、外との関係をむしろ積極的に結んでいた。中国との国交はついに開けなかったが、長崎を窓口として民間の貿易船は積極的に受け入れ、情報収集に努めた。朝鮮と琉球からの外交使節到来や、オランダの長崎商館長の江戸参府は、将軍の威光を国民に見せつける絶好のイベントだった。

日朝国交回復から「朝鮮通信使」へ

家康は断絶した朝鮮との関係修復に力を注ぎ、はやくも秀吉の死の翌年（一五九九）に、対馬の宗氏を通じて交渉を開始する。宗氏は、室町時代以来、朝鮮との通交・貿易を経済基盤とするだけでなく、相当量の米を朝鮮から給与されていた。したがって、戦争でもっとも大きな痛手《いたで》を被った国内勢力は宗氏であり、それゆえ国交回復の成否は宗氏にとって死活問題だった。

宗義智が朝鮮へ送った使者が三度にわたって帰ってこないなど、交渉は難航したが、ようやく慶長十年（一六〇五）に、朝鮮の使者僧惟政《いせい》（松雲大師）・孫文彧《そんぶんいく》を家康のいる伏見城まで連れてくることに成功する。家康はこれを賞して、宗氏に肥前田代《たしろ》のうち二千八百石を加増し、参勤交代を軽減し、対朝鮮外交を家役として委ねた。

義智は朝鮮との交渉にあたって、家康からは、朝鮮側が先に隣交を求める使者を送るようお膳立てせよと指示され、朝鮮側からも、家康が先に国書を出せば交渉に応じると告げられていた。外交の世界では、先に使節を派遣したり要人が訪問したりすることは、相手の下位に甘んじることを認める意味がある。しかも、いまだ交戦状態にあった両国関係のなかで、家康が先に国交回復を求める書面を出すことは、朝鮮出兵を謝罪し国交回復を請願する意味あいがあった。

図 5-9　対馬が偽造した「徳有鄰」の木印
（九州国立博物館所蔵）

双方の思惑の板ばさみになった義智は、国書偽作という禁じ手を使った。じつは、宗氏は戦国時代、朝鮮側の通交統制をすりぬけるために、偽の「日本国王」使をなんども仕立ててきた。手元には偽造の「日本国王」印も置いていた（図5-9）。今回もさほど大それた行為とは考えていなかっただろう。

一六〇六年に宗義智が朝鮮に渡した家康名の国書には、先に国書を出すことや、秀吉時代の非を改める旨が記されていた。朝鮮はその真偽に疑念を抱いたが、日本との関係修復という安全保障上の効果を優先してこれを受け入れ、翌年、「回答兼刷還《さっかん》使」を日本へ派遣した。この名称は「先に提出された家康の国書に対する回答と、戦争で日本に連行された朝鮮人を本国に連れ帰る役目を担った使節」という意味である。

　しかし、そもそもが偽作である家康の国書に回答する旨を記した朝鮮の国書を、そのまま家康に見せるわけにはいかない。義智は仕方なく、朝鮮からの返書を朝鮮側から先に提出したかのように改竄し、使節の名称も「通信使」に改めて幕府にとりついだ。その結果、以後朝鮮から通信使が来日するたびに、対馬藩の外交担当者は、とり交わされる双方の国書を改竄するのが習いとなってしまった。

　この隠された事情は、寛永十二年(一六三五)に、対馬藩家老柳川調興《やながわしげおき》が宗氏からの自立をはかって幕府に暴露したため、明るみに出てしまった(柳川一件)。宗氏が中世以来行なってきた「不正行為」は、日朝間の外交・貿易を命綱とする宗氏の立場からすれば、やむをえない仕儀だった。客観的に見れば、対立する両国間関係を円滑に進めるための潤滑油だったともいえる。事実、柳川一件においても、柳川が処罰されたのに対して、宗氏は朝鮮外交の専門性が買われて、お家断絶を免れている。

　一六〇九年、対馬藩と朝鮮政府との間で「己酉約条」が結ばれ、近世の日朝関係をめぐる基本的なわくぐみが確定した。その結果、いわゆる朝鮮通信使(正しくは朝鮮が送る「日本通信使」)が将軍の代替わりごとに江戸を訪れることになり、その後江戸時代を通じて日本(幕府)と朝鮮は「善隣外交」を維持した。朝鮮にとって、この使節行は日本に対する文化的優越を再確認する場ともなった。

いっぽう、日本からの外交使節が釜山の倭館から一歩でも出ることは許されなかった。秀吉軍が釜山からソウルへの街道づたいに快進撃した記憶は、善隣外交によっても拭い去られることはなかったのである。

琉球――幕藩体制下の「異国」

十六、十七世紀の代わり目、アジアの大変動のなかで、琉球は忘れられがちだが、じつはもっとも大きな変転を体験した国だった。

島津氏は、一五七〇年代に南九州の領国統一をなしとげ、ひきつづき大友・龍造寺両氏を破って、九州の覇者へと上昇していった。その矢先の天正十五年（一五八七）、豊臣秀吉の「九州征伐」軍に屈し、以後、統一権力のうしろだてのもとに琉球に臨むようになる。その過程で島津氏は、嘉吉元年（一四四一）将軍足利義教から琉球支配の権限を与えられたと称して（嘉吉附庸《ふよう》説）、琉球支配の正当性を主張した。

秀吉の朝鮮出兵の過程で、琉球は島津氏の「与力」に位置づけられ、兵士こそ出さなかったものの、島津氏を通じて軍役を負担させられた。もとよりこれは琉球の望んだことではなく、琉球はかえって秀吉の明征服の野望を明に通報するなど、表裏の態度をとりつづけた。とはい

図 5-10　琉球使節絵巻(謝恩使)(国立公文書館内閣文庫所蔵)

え独立の国家意思をつらぬけたわけではない。

秀吉の死後、島津氏は琉球の併呑をねらって、とりあえず家康に奄美群島征服の許可を求めた。家康は、対明関係の回復に琉球を利用する思惑から、当初積極的ではなかった。しかし島津氏は、琉球が幕府への外交使節派遣を実行しなかったことをとがめ、家康の許可をとりつけて、慶長十四年(一六〇九)に三千の兵で琉球に侵入し、尚寧《しょうねい》王を虜にした。この事件以降を琉球史の時代区分で「近世琉球」とよんでいる。

薩摩の侵入に対して、国家の存亡を賭けた戦いにしては、抵抗の規模は小さかった。その理由としてはつぎの三つがあげられる。(1)ヤマトへの親近感、外国という意識の薄さ、(2)ヤマトとの交易ルートを薩摩におさえられたこと、(3)大交易時代の繁栄を謳歌したのは王家を中心とする支配層と中国系商人層にかぎられ、その陰できびしい生産条件に束縛された農村社会とのギャップは、ひろがるばかりだったこと。

こうして琉球王国の独立性は大きく損なわれ、島津氏の支配・監督の下に置かれることになった。薩摩藩の石高には琉球の分がふくまれており、その意味で琉球は幕藩制的知行体系に組みこまれていた。

薩摩の侵攻により琉球は幕藩体制下の「異国」という二重の性格を付与された。その儀礼的表現が琉球使節の「江戸上り」である(図5-10)。将軍が交代すると慶賀使《けいがし》、琉球国王が交代すると謝恩使《しゃおんし》が琉球から派遣され、寛永十一年(一六三四)から嘉永三年(一八五〇)までの間に十八回行なわれた。朝鮮通信使やオランダ商館長の江戸参府とともに、「異国」までもなびかせる将軍の「威徳」を、一般大衆にまで見せつける政治装置だった。

おわりに

日本の十六世紀は、まれにみる戦争の時代である。室町幕府という中央権力が弱体化し分裂崩壊していくなかで、大名どうしの争いが果てしなく続く、混沌とした姿がまずは眼に映る。しかし、分裂への流れが頂点に達したかに見えたその瞬間に、信長、秀吉、家康という「天下人」が登場し、流れは「統一」へと大きくむきを変える。

長宗我部氏や島津氏や北条氏や伊達氏が、それぞれの「地域国家」の「王」として君臨するかに見えたその場所に、秀吉の軍隊が立ちはだかり、またたく間にかれらを屈服させあるいは滅ぼして、天下統一は急速に達成されてしまう。そのすぐあとに控えていたものは、国内統一戦争とシームレスにつながった「唐入り」という対外戦争だった。その戦争がなんの果実もなく終わったことによって、豊臣政権は滅び、十七世紀初頭、天下は徳川氏の手に帰した。

この激動をひき起こしたものはなにか。「天下人」が列島中央部の経済先進地域を基盤に身を起こした結果、四国や九州や関東や奥羽とは隔絶した生産力と、それに支えられた強大な軍事力を掌握できたことの重要性は、言をまたない。かれらの個人的な能力、とくに軍事的、政治的な才能や、経済状況への観察眼もあるだろう。

しかし、十六〜十七世紀は、対外関係、国際関係のダイナミズムが日本史の展開にとりわけ大きく作用した時代だった。

鉄砲やキリスト教を携えたヨーロッパ人を日本列島へ導いたのは、後期倭寇の海上活動だったし、朝鮮から倭寇勢力によってもたらされた新しい銀精錬法(灰吹法)によって、国内銀山で爆発的な増産が実現した。統一権力は、鉄砲と金銀をわが手に集中させて国内を平定し、キリスト教については、ヨーロッパ勢力との貿易に必要な範囲でのみ許容する、というスタンスで臨んだ。

秀吉を大陸征服へと突き動かしたものは、いっぽうで国内戦争を勝ちぬいた軍事力への絶対的な自負であり(「弓箭きびしき国」)、他方で中華帝国明の弱体化と権威低下を認識したことだった(「大明の長袖国」)。それはヌルハチや清朝の建国者たちが見たものと共通していたにちがいない。

「天下人」の最終的な勝者となった家康が幕を開けた江戸時代。幕藩制国家とよばれる国家体制の背骨をなしたものは、鉄砲をはじめとする軍事力の圧倒的な集積であり、キリスト教根

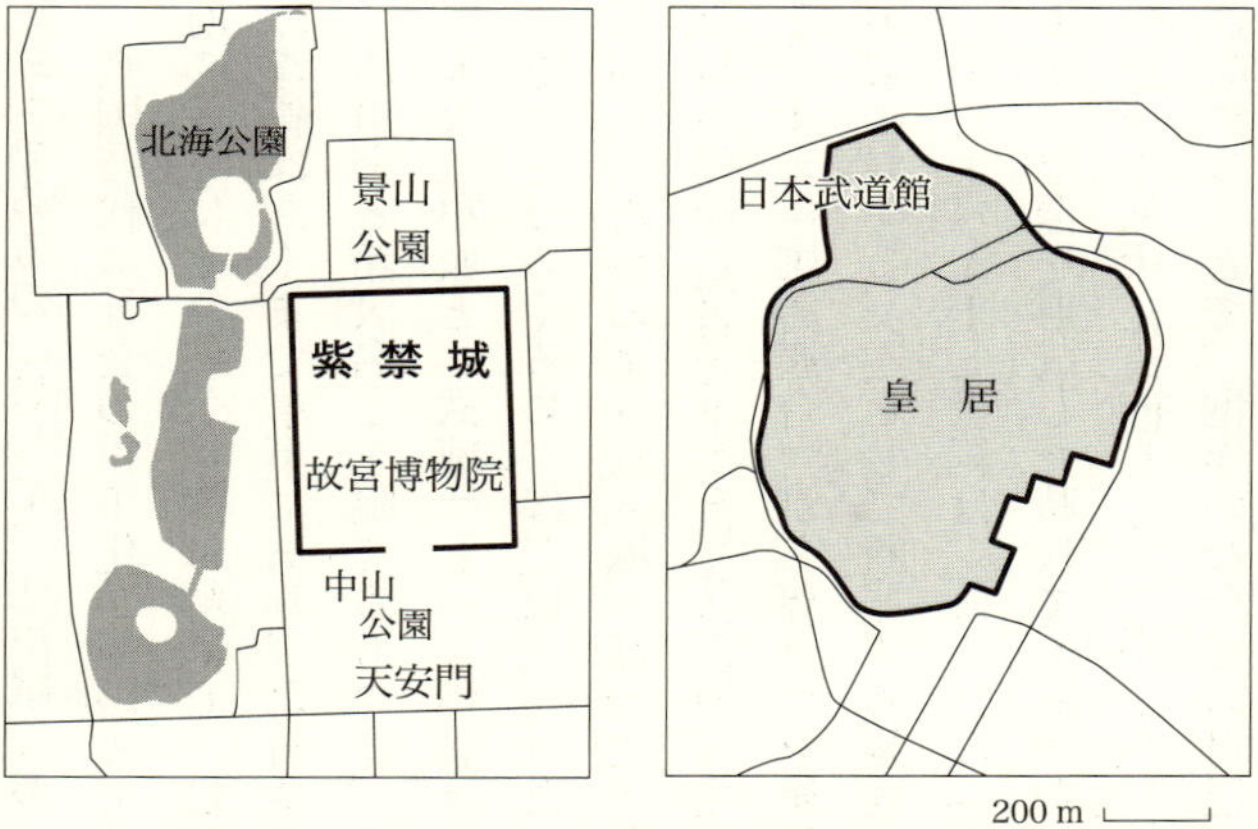

図 6-1　現在の紫禁城（左，北京）と皇居（右，東京）の大きさの比較

絶を旗じるしとする全国民、全村落・都市の実態把握（宗門人別改）だった。それを財政的に支えたのは、全国の鉱山の直轄化による貴金属の独占と、貨幣の発行だった。そのいずれをとっても、対外的契機の働いていないものはない。

明治維新以降「皇居」となった江戸城は、世界最大の王宮ではないかと思われる。北京の紫禁城は、建造物の巨大さには圧倒されるけれど、周囲をとりまく堀の外周の長さは江戸城の敵ではない（図6-1）。朝鮮・ベトナム・琉球など東アジア諸王国の王宮は、紫禁城の縮小版といった趣きだ。いっぽう、ヨーロッパ諸国の王宮は首都の街なかの一角を占める以上ではなく、中世京都の内裏や室町殿とよく似ている。また機能《デザイン》面から見ると、巨大化しているとはいえ、紫禁城以下は館 residence であるのに対して、江戸城はあくまで城 castle である。

戦国時代は社会の軍事化が極限まで達した時代で、列島は城であふれかえっていた。江戸幕府の成立により戦争状態は解消し、島原の乱以降めだった戦争は起きなかったが、幕藩制国家の背骨はあくまで軍事にあり、幕府や藩のすべての官僚は兵士の性格を失ってはいない。そして徳川家と諸大名とを隔てるものは、それぞれが掌握する軍事力の圧倒的な格差だった。あの巨大な江戸城と「武威」という標語はそのことを象徴している。

その差はめくるめくほど巨大だったが、なお量的な差にすぎない。各藩の政庁もまた江戸城を縮小したかのような「城」だった。幕府の国家権力としての質的な超越性は、天皇による将軍職の任命（将軍宣下）という虚構を頂点とする、国政の委任という論理によって担保された。それゆえ「雄藩連合」が「尊皇」を旗じるしに軍事的競合者としてたちあらわれると、それを国家に対する反逆として断罪する論理をもちえず、「大政奉還」を余儀なくされるのである。

また十六〜十七世紀は、あらたな「南蛮」としてあらわれたヨーロッパを他者にすえて、日本が自己像を形成した時代でもあった。日本を超える「デウス」に身命をささげるキリシタンの急速な拡大に直面して、「天下人」は自己を神格化し、知識人を動員して日本を「神国」と宣明することで、世界のなかでの自己の差異化をはかった。しかし結局は、南蛮貿易の利益を断念してでもキリシタン根絶を実現し、そのための手段を標榜して、対外交通を徹底的な管理体制のもとにおくこと(いわゆる「鎖国」)で、キリシタンを先兵とするヨーロッパの軍事的脅威からの脱却に成功した。

しかし、江戸時代人は長崎からかいまみるヨーロッパ文明に敏感に反応し、とくにアヘン戦争以降、先進国として仰ぎみてきた中国が危機にさらされるのを見て、ヨーロッパの(とくに軍事面での)優越に対抗し追いつくことを、国家目標として意識するにいたった。これも「御一新」の動機づけとなり、明治以降「脱亜入欧」が日本人の骨がらみの発想となっていく。現在でも実体不明の「欧米」を模範にすえて、「欧米ではどうのこうの」と「上から目線」で日本の現状を批判してみせる言説にはことかかない。

以上のように、鉄砲伝来や朝鮮侵略といった「日本史上のエポック」は、世界史的な文脈における巨大な変動の一部として捉えることで、はじめて全体像が見えてくる。その結果として生み出された江戸時代=近世は、アジアにもヨーロッパにも似姿を見いだすことができない独特の軍事国家でありつつ、「武威」で裏打ちされた平和を永く維持し、近代化への準備を整えていった。その近世をくつがえした明治維新が巨大な変革だったことはいうまでもないが、それ以降の欧米をゆるぎない規範とする近代化や、「天壌無窮の神国」をふりかざして欧米に対抗しようとした天皇制・軍国主義が、近世からの連続としてあらわれたことも事実である。

そのような十六〜十七世紀以来の歴史の流れを、現代の視線から見さだめることを通じて、ますます「狭く」なっていく世界のなかで、日本は現在どこにいるのか、今後どう進んでいくべきか、を探索するための「道標《みちしるべ》」がえられるかもしれない。

岩波新書新赤版一〇〇〇点に際して

ひとつの時代が終わったと言われて久しい。だが、その先にいかなる時代を展望するのか、私たちはその輪郭すら描きえていない。二〇世紀から持ち越した課題の多くは、未だ解決の緒を見つけることのできないままであり、二一世紀が新たに招きよせた問題も少なくない。グローバル資本主義の浸透、憎悪の連鎖、暴力の応酬――世界は混沌として深い不安の只中にある。

現代社会においては変化が常態となり、速さと新しさに絶対的な価値が与えられた。消費社会の深化と情報技術の革命は、種々の境界を無くし、人々の生活やコミュニケーションの様式を根底から変容させてきた。ライフスタイルは多様化し、一面では個人の生き方をそれぞれが選びとる時代が始まっている。同時に、新たな格差が生まれ、様々な次元での亀裂や分断が深まっている。社会や歴史に対する意識が揺らぎ、普遍的な理念に対する根本的な懐疑や、現実を変えることへの無力感がひそかに根を張りつつある。そして生きることに誰もが困難を覚える時代が到来している。

しかし、日常生活のそれぞれの場で、自由と民主主義を獲得し実践することを通じて、私たち自身がそうした閉塞を乗り超え、希望の時代の幕開けを告げてゆくことは不可能ではあるまい。そのために、いま求められていること――それは、個と個の間で開かれた対話を積み重ねながら、人間らしく生きることの条件について一人ひとりが粘り強く思考することではないか。その営みの糧となるものが、教養に外ならないと私たちは考える。歴史とは何か、よく生きるとはいかなることか、世界そして人間はどこへ向かうべきなのか――こうした根源的な問いとの格闘が、文化と知の厚みを作り出し、個人と社会を支える基盤としての教養となった。まさにそのような教養への道案内こそ、岩波新書が創刊以来、追求してきたことである。

岩波新書は、日中戦争下の一九三八年一一月に赤版として創刊された。創刊の辞は、道義の精神に則らない日本の行動を憂慮し、批判的精神と良心的行動の欠如を戒めつつ、現代人の現代的教養を刊行の目的とする、と謳っている。以後、青版、黄版、新赤版と装いを改めながら、合計二五〇〇点余りを世に問うてきた。そして、いままた新赤版が一〇〇〇点を迎えたのを機に、人間の理性と良心への信頼を再確認し、それに裏打ちされた文化を培っていく決意を込めて、新しい装丁のもとに再出発したいと思う。一冊一冊から吹き出す新風が一人でも多くの読者の許に届くこと、そして希望ある時代への想像力を豊かにかき立てることを切に願う。

（二〇〇六年四月）

村井章介

1949年大阪市に生まれる
東京大学大学院人文科学研究科修士課程修了．同大学史料編纂所教授，大学院人文社会系研究科教授，立正大学教授を経て
現在－東京大学名誉教授
専攻－日本中世史，東アジア交流史
著書－『アジアのなかの中世日本』(校倉書房)
『中世倭人伝』(岩波新書)
『増補　中世日本の内と外』(筑摩書房)
『日本中世境界史論』(岩波書店)
『日本中世の異文化接触』(東京大学出版会)
『東アジアのなかの日本文化』(北海道大学出版会) ほか

分裂から天下統一へ
シリーズ　日本中世史④　　岩波新書(新赤版)1582

2016年7月20日　第1刷発行
2024年9月13日　第5刷発行

著　者　村《むら》井《い》 章《しょう》介《すけ》

発行者　坂本政謙

発行所　株式会社 岩波書店
〒101-8002 東京都千代田区一ツ橋2-5-5
案内 03-5210-4000　営業部 03-5210-4111
https://www.iwanami.co.jp/

新書編集部 03-5210-4054
https://www.iwanami.co.jp/sin/

印刷製本・法令印刷　カバー・半七印刷

ISBN 978-4-00-431582-7　Printed in Japan

索 引

人 名

あ 行

か 行

さ 行

た 行

な 行

は 行

事　項

あ 行

か 行

さ 行

た 行

な 行

は 行

ま 行

や 行

ら 行

わ 行

年　表

西暦	和暦	事　　項
1441	嘉吉 1	6 将軍足利義教，暗殺される
1443	嘉吉 3	7 足利義政，将軍家の家督継承　12 安藤盛季，蝦夷島の松前へ逃げる
1453	享徳 2	大内船，勘合船団に参加し入明
1455	康正 1	6 鎌倉公方足利成氏，古河に移る(古河公方)
1456	長禄 1	春 蝦夷島のアイヌ，和人を襲撃するも，翌年蠣崎氏に敗れる(コシャマインの乱)
1458	長禄 2	6 琉球「万国津梁の鐘」できる
1467	応仁 1	5 応仁・文明の乱始まる(～1477)
1469	文明 1	琉球，第一尚氏王朝倒れ，第二尚氏王朝へ
1473	文明 5	12 足利義政，将軍職を子の義尚に譲る
1474	文明 6	11 加賀一向一揆始まる(～1580)
1477	文明 9	尚真王即位，琉球王国隆盛の時代へ
1485	文明17	4 大内氏，撰銭令　12 山城国一揆始まる(～1493)
1489	長享 3	3 近江六角攻めの陣中で，足利義尚没
1490	延徳 2	1 足利義政没．甥義稙が将軍に
1493	明応 2	4 細川政元，将軍義稙を廃し，義澄を擁立(明応の政変)　伊勢宗瑞(北条早雲)，足利茶々丸を伊豆堀越御所から追放
1495	明応 4	9 伊勢宗瑞，小田原城を奪取
1498	明応 7	バスコ・ダ・ガマ，インドのカリカットに到着
1500	明応 9	10 幕府，撰銭令
1507	永正 4	6 細川澄之・香西元長ら，細川政元を暗殺　8 細川澄元らに攻められ，澄之自殺
1508	永正 5	3 島津忠治，琉球王に臣従　4 細川高国上洛，将軍義澄・澄元らを近江に追う　6 大内義興，義稙を擁して上洛　7 義稙将軍に復帰

1510	永正 7	朝鮮三浦の倭人蜂起．朝鮮軍に制圧され，居留地失われる(三浦の乱)
1511	永正 8	ポルトガル，マラッカを占領
1512	永正 9	朝鮮，対馬宗氏と復交(壬申約条)
1516	永正13	4 将軍義稙，遣明船派遣の大内氏管掌を明言
1517	永正14	ポルトガル，明と接触
1518	永正15	8 大内義興，周防に帰国
1520	永正17	5 細川高国，澄元や三好之長を破り幕府の実権掌握
1521	大永 1	3 将軍義稙，出奔　6 種子島忠時，琉球と君臣関係を結ぶ　12 高国，足利義澄の子義晴を将軍に擁立　マゼラン，フィリピンに到達の後，戦死
1523	大永 3	大内・細川両氏の遣明船，寧波で衝突．大内勢が細川船を焼き打ち，明の武官も殺害(寧波の乱)．明との関係断絶
1526	大永 6	3 博多商人神谷寿禎，石見銀山を発見　4 今川氏親，分国法「仮名目録」制定　中国浙江の双嶼が倭寇の根城となる
1530	享禄 3	3 大内氏，将軍義晴から遣明船経営権を委ねられ，日明貿易独占　ゴアがポルトガル領インドの首府となる
1531	享禄 4	6 細川高国，三好元長に敗れ自殺
1533	天文 2	神谷寿禎，石見銀山に銀精錬の「灰吹法」を導入．以後，銀の大増産
1536	天文 5	7 天文法華の乱
1539	天文 8	朝鮮人柳緒宗，銀の精錬法を倭人に教え，罪に問われる
1540	天文 9	ポルトガル商人，倭寇棟梁の許棟に誘われ，双嶼に到達．密貿易ルート隆盛
1541	天文10	6 武田信虎，子の晴信(信玄)に追放される
1542	天文11	3 生野銀山発見　8 種子島に鉄砲伝来　対馬の使僧安心，朝鮮に銀八万両の買取りを迫る

1544	天文13	王直，双嶼に来て許棟の会計係となる　スペイン人ペロ・ディエス「日本の諸島」に到着　倭寇事件で対馬・朝鮮関係断絶
1545	天文14	8 今川義元と北条氏康，和議　倭寇棟梁の王直，大友氏の船で双嶼から日本へ来航
1546	天文15	12 足利義晴，将軍職を子の義輝に譲る
1547	天文16	2 対馬・朝鮮関係復交(丁未約条)　6 武田晴信「甲州法度之次第」施行　イエズス会士フランシスコ・ザビエル，マラッカで日本人アンジローに出会う
1548	天文17	浙江巡撫朱紈，双嶼の倭寇を掃討．以後倭寇と官憲の対立深化
1549	天文18	7 ザビエル，鹿児島に上陸，キリスト教伝来　王直，明沿海を劫掠．朱紈，罷免され自殺
1550	天文19	⑤ポルトガル船，初めて平戸に入港　蠣崎季広とアイヌ首長，「夷狄之商船往来之法度」協約
1551	天文20	9 大内義隆，陶隆房に討たれる
1552	天文21	ザビエル，広東の上川島で死去
1553	天文22	2 今川義元，「仮名目録追加」を制定　この頃より倭寇最盛期
1555	弘治 1	10 厳島の戦い．毛利元就，陶隆房を破る
1557	弘治 3	4 元就，大内氏を滅ぼす　王直，官憲に投降，以後倭寇は衰退へ　明，ポルトガル人のマカオ居住を許す
1558	永禄 2	夏 松浦隆信，宣教師ガスパール・ヴィレラを平戸から追放
1560	永禄 3	5 桶狭間の戦い．織田信長，今川義元を破る
1561	永禄 4	9 川中島の戦い　平戸領主松浦隆信の家臣，ポルトガル人14人を殺害　中国福建の月港で倭寇蜂起(月港二十四将の乱)
1563	永禄 6	4 大村純忠，初のキリシタン大名に
1565	永禄 8	5 三好三人衆ら，将軍足利義輝を殺害，義栄を

		擁立　明，一条鞭法を浙江で実施
1566	永禄 9	メキシコでアマルガム銀精錬法が実用化
1567	永禄10	4 六角義治，「六角氏式目」制定　8 信長，斎藤龍興を破って岐阜に移る．「天下布武」の朱印を使い始める　明で海禁緩和
1568	永禄11	9 信長，足利義昭を奉じて入洛．義昭，将軍に　12 武田信玄，今川氏真を駿府から追う
1569	永禄12	3 信長，撰銭令発布　5 今川氏滅亡　信長，堺を直轄領に．生野銀山も支配下に
1570	元亀 1	1 信長，将軍義昭の失政に意見書　6 姉川の戦い．信長，浅井長政らを破る　11 伊勢長島一向一揆，織田信興を殺す　この年を最後に，琉球船，東南アジアから姿を消す
1571	元亀 2	9 信長，比叡山焼き討ち　**夏** ポルトガル船，初めて大村純忠領の長崎で貿易　スペイン，フィリピンのマニラ占領，メキシコのアカプルコとの間に定期航路を開く
1572	元亀 3	12 信玄，家康を三方原に破る　明で一条鞭法，全国的に実施，銀の需要高まる
1573	天正 1	4 将軍義昭，浅井・朝倉氏と挙兵するも信長に敗れる(室町幕府の滅亡)　4 武田信玄死去　8 朝倉・浅井氏滅亡
1574	天正 2	9 信長，伊勢長島の一向一揆を滅ぼす
1575	天正 3	3 琉球使，薩摩で外交非礼を咎められる(あや船一件)　5 長篠の戦い．織田・徳川連合軍，鉄砲を用い武田軍を破る　この頃より朝鮮の士林派内部で党派分裂．以後党争続く
1576	天正 4	2 信長，安土城へ移る
1577	天正 5	6 信長，安土城下に楽市令公布
1578	天正 6	明，ポルトガルに広東貿易を許可
1580	天正 8	③石山本願寺，信長に敗れる　4 大村純忠，長崎・茂木をイエズス会に寄進　5 イエズス会，日本の布教区を都・豊後・下に分かち，セミ

		ナリオ・コレジオ設立を決定
1581	天正 9	2 信長，安土と京都で馬揃え
1582	天正 10	1 天正遣欧使節派遣　3 武田氏滅亡　6 信長，本能寺で明智光秀に討たれる．秀吉，山崎の戦いで光秀を破る　7 太閤検地開始
1583	天正 11	4 賤ヶ岳の戦い．秀吉，柴田勝家を破る　6 秀吉，大坂城へ移る
1584	天正 12	4 小牧・長久手の戦い．のち，秀吉，家康と和睦　8 スペイン系宣教師，マニラから平戸に初来航
1585	天正 13	7 秀吉，関白に　7 秀吉「四国征伐」，長宗我部氏降伏　9 秀吉，一柳末安に「唐入り」語る　10 秀吉，九州の島津・大友氏に停戦命令　秀吉，石見銀山を毛利氏と共同管理
1586	天正 14	12 秀吉，関東・奥羽の諸大名に停戦命令
1587	天正 15	5 秀吉「九州征伐」，島津義久降伏　6 秀吉「バテレン追放令」発布
1588	天正 16	7 秀吉，刀狩り令・海賊停止令発布　ヌルハチ，建州の女真諸部を統一
1589	天正 17	6 奥羽伊達氏，蘆名氏領を奪取　11 秀吉，小田原北条氏に宣戦布告
1590	天正 18	2 秀吉，琉球国王に服属を要求　4 秀吉，南関東の郷村に禁制を発する　7 秀吉，「小田原征伐」で北条氏を滅ぼし，奥州も平定．天下統一　8 家康，関東を得て江戸城に　11 秀吉，朝鮮からの使節に聚楽第で会見．返書で朝鮮に服属を求め，明征服の意図を示す
1591	天正 19	7 秀吉，ゴアのインド副王に書簡　9 秀吉，朝鮮出兵を命じる．肥前名護屋に築城　「キリシタン版」の刊行始まる
1592	文禄 1	4 諸大名，名護屋に集結．秀吉も名護屋へ．16 万の日本軍が釜山に上陸，文禄の役始まる　5 日本軍，ソウル占領．秀吉「三国国割構

		想」 7日本軍，李舜臣率いる朝鮮水軍に閑山島で大敗　小西行長を軸に，対明和議の動き
1593	文禄2	1明軍，平壌で行長らを破るも，碧蹄館で敗北　2朝鮮軍，幸州山城で日本軍を破る　4日本軍，ソウル撤退，釜山へ集結　6秀吉，「明使」に対明和議7か条を示す
1595	文禄4	この頃より降倭続出，加藤清正暗殺計画
1596	慶長1	9明の冊封使，大坂城で秀吉を「日本国王」に封じる．秀吉，明使提示の和議3か条に怒り，再出兵へ　9サン・フェリペ号，土佐に漂着　11長崎でキリシタン処刑(26聖人殉教)
1597	慶長2	1日本軍再び朝鮮へ，慶長の役始まる　8全羅道南原城の戦い　9李舜臣の水軍，鳴梁で日本水軍を破る　12蔚山倭城の戦い
1598	慶長3	8秀吉死去　10島津軍，慶尚道泗川の戦い，明軍に4万近い死者　日本軍朝鮮より撤退
1599	慶長4	家康，対馬宗氏を介し，朝鮮と国交回復はかる
1600	慶長5	1家康，島津氏・琉球を介し，明と国交回復はかる　3オランダ船リーフデ号漂着　9関ヶ原の戦い．家康率いる東軍が石田三成の西軍に勝利　9家康，石見銀山周辺七か村に禁制を掲げる
1601	慶長6	大久保長安，銀山奉行となる．石見銀山が幕府直轄地に　家康，東南アジア諸国に国書を送り，朱印船貿易の開始を交渉
1602	慶長7	山師安原伝兵衛，石見銀山の釜屋間歩を開発
1603	慶長8	2家康，征夷大将軍に．江戸幕府開く
1605	慶長10	3家康，伏見で朝鮮使節を引見　4秀忠，将軍に．家康の大御所政治
1607	慶長12	朝鮮の回答兼刷還使くる．「朝鮮通信使」の開始
1609	慶長14	2島津軍が琉球を征服，奄美群島割き取る　3己酉約条締結　8オランダ，平戸に商館開設

1610	慶長15	8幕府，本多正純の書簡を福建総督に送るも，国交回復ならず
1613	慶長18	9幕府，キリスト教禁令発布　伊達政宗，慶長遣欧使節派遣　英，平戸に商館
1614	慶長19	10大坂冬の陣
1615	元和1	4大坂夏の陣，豊臣氏滅亡　⑥「一国一城令」発布　7武家諸法度・禁中並公家諸法度発布
1616	元和2	4家康死去　8中国以外の貿易船の寄港地を平戸・長崎に限る　ヌルハチ，後金建国
1619	元和5	サルフの戦い．明軍，後金に大敗
1621	元和7	利根川の流路変更工事開始(～1654)
1623	元和9	7家光，将軍に　11英商館，平戸より撤退
1624	寛永1	スペイン船の来航禁止
1627	寛永4	後金軍，朝鮮に侵入(丁卯胡乱)
1629	寛永6	この頃，長崎で踏絵開始
1631	寛永8	6朱印船を引継ぐ奉書船制度開始
1633	寛永10	家光，「寛永の鎖国令」　蘭商館長の江戸参府定例化
1634	寛永11	琉球使節の江戸上り始まる
1635	寛永12	3宗氏の外交文書改竄が露見(柳川一件)　5奉書船制度廃止，日本人の出入国禁止
1636	寛永13	6銅貨「寛永通宝」発行　太宗ホンタイジ，後金を大清と改称　朝鮮，清軍の侵入を受け服属(丙子胡乱)
1637	寛永14	10島原・天草のキリシタン大一揆(～1638)
1639	寛永16	7ポルトガル人来航禁止，鎖国の完成
1640	寛永17	6幕府，長崎に来たポルトガル船を焼く　幕府，宗門改役を置く
1641	寛永18	4平戸の蘭商館を長崎の出島に移す
1644	正保1	12正保の国絵図・郷帳　李自成，北京を陥落させ，明滅亡．清軍，北京入城(明清交代)
1646	正保3	幕府，南明政権の復明運動への軍事援助断る

参考文献

浅見雅一『概説キリシタン史』(慶應義塾大学出版会, 2016)

荒野泰典編『日本の時代史 14　江戸幕府と東アジア』(吉川弘文館, 2003)

荒野泰典・石井正敏・村井章介編『日本の対外関係 5　地球的世界の成立』(吉川弘文館, 2013)

有光有學編『日本の時代史 12　戦国の地域国家』(吉川弘文館, 2003)

伊川健二『大航海時代の東アジア——日欧通交の歴史的前提』(吉川弘文館, 2007)

池享『日本中世の歴史 6　戦国大名と一揆』(吉川弘文館, 2009)

池享編『銭貨——前近代日本の貨幣と国家』(青木書店, 2001)

池享編『日本の時代史 13　天下統一と朝鮮侵略』(吉川弘文館, 2003)

池上裕子『戦国時代社会構造の研究』(校倉書房, 1999)

池上裕子『日本の歴史 15　織豊政権と江戸幕府』(講談社, 2002)

池上裕子『織田信長』(吉川弘文館, 2012)

井原今朝男『中世のいくさ・祭り・外国《とつくに》との交わり——農村生活史の断面』(校倉書房, 1999)

入間田宣夫・豊見山和行『日本の中世 5　北の平泉, 南の琉球』(中央公論新社, 2002)

上原兼善『幕藩制形成期の琉球支配』(吉川弘文館, 2001)

榎森進『アイヌ民族の歴史』(草風館, 2007)

大石直正『中世北方の政治と社会』(校倉書房, 2010)

岡美穂子『商人と宣教師——南蛮貿易の世界』(東京大学出版会, 2010)

鹿毛敏夫『アジアのなかの戦国大名——西国の群雄と経営戦略』(吉川弘文館, 2015)

紙屋敦之『東アジアのなかの琉球と薩摩藩』(校倉書房, 2013)

神田千里『宗教で読む戦国時代』(講談社選書メチエ, 2010)

岸野久『西欧人の日本発見――ザビエル来日前日本情報の研究』（吉川弘文館，1989）

岸野久『ザビエルと日本――キリシタン開教期の研究』（吉川弘文館，1998）

岸本美緒・宮嶋博史『世界の歴史 12　明清と李朝の時代』（中央公論社，1998）

北島万次『豊臣秀吉の朝鮮侵略』（吉川弘文館，1995）

北島万次・孫承喆・橋本雄・村井章介編『日朝交流と相克の歴史』（校倉書房，2009）

黒嶋敏『天下統一――秀吉から家康へ』（講談社現代新書，2015）

五野井隆史『日本キリスト教史』（吉川弘文館，1990）

五野井隆史『キリシタンの文化』（吉川弘文館，2012）

小葉田淳『中世南島通交貿易史の研究』（刀江書院，1968）

小葉田淳『中世日支通交貿易史の研究』（刀江書院，1969）

小葉田淳『金銀貿易史の研究』（法政大学出版局，1976）

清水紘一『日欧交渉の起源――鉄砲伝来とザビエルの日本開教』（岩田書院，2008）

須田牧子編『「倭寇図巻」「抗倭図巻」をよむ』（勉誠出版，2016）

千田嘉博『織豊系城郭の形成』（東京大学出版会，2000）

千田嘉博『信長の城』（岩波新書，2013）

高木久史『日本中世貨幣史論』（校倉書房，2010）

高瀬弘一郎『キリシタンの世紀――ザビエル渡日から「鎖国」まで』（岩波書店，2013）

高瀬哲郎『日本の遺跡 26　名護屋城跡――文禄・慶長の役の軍事拠点』（同成社，2008）

高良倉吉『琉球王国史の課題』（ひるぎ社，1989）

高良倉吉『琉球の時代――大いなる歴史像を求めて』（ちくま学芸文庫，2012）

田中健夫『対外関係と文化交流』（思文閣出版，1982）

田中健夫『増補・倭寇と勘合貿易』（ちくま学芸文庫，2012）

鄭杜熙・李璟珣編，金文子監訳，小幡倫裕訳『壬辰戦争――16世紀日・朝・中の国際戦争』（明石書店，2008）

中島楽章編『南蛮・紅毛・唐人――16・17世紀の東アジア海域』(思文閣出版, 2013)
永積洋子『朱印船』(吉川弘文館, 2001)
中野等『戦争の日本史16　文禄・慶長の役』(吉川弘文館, 2008)
中村栄孝『日鮮関係史の研究　上・中・下』(吉川弘文館, 1965・1969)
藤木久志『土一揆と城の戦国を行く』(朝日新聞社, 2006)
松浦茂『清の太祖ヌルハチ』(白帝社, 1995)
松岡進『城を極める　中世城郭の縄張と空間――土の城が語るもの』(吉川弘文館, 2015)
松方冬子『オランダ風説書と近世日本』(東京大学出版会, 2007)
松本賢一編『南蛮紅毛日本地図集成』(鹿島出版会, 1975)
的場節子『ジパングと日本――日欧の遭遇』(吉川弘文館, 2007)
村井章介『中世倭人伝』(岩波新書, 1993)
村井章介『世界史のなかの戦国日本』(ちくま学芸文庫, 2012)
村井章介『NHKさかのぼり日本史　外交篇⑥　富と野望の外交戦略――なぜ, 大航海時代に戦国の世は統一されたのか』(NHK出版, 2013)
村井章介『日本中世境界史論』(岩波書店, 2013)
村井章介『日本中世の異文化接触』(東京大学出版会, 2013)
村井章介『境界史の構想』(敬文舎, 2014)
村井章介編集代表『日明関係史研究入門――アジアのなかの遣明船』(勉誠出版, 2015)
山田邦明『戦国のコミュニケーション――情報と通信』(吉川弘文館, 2011)
山室恭子『中世のなかに生まれた近世』(講談社学術文庫, 2013)
歴史学研究会編『越境する貨幣』(青木書店, 1999)

図版出典一覧

0-1　フィレンツェ・美術アカデミー所蔵，松本賢一編『南蛮紅毛日本地図集成』(鹿島出版会，1975)より

1-2　田中健夫訳注『海東諸国紀』(岩波文庫，1991)392頁より

1-5　日本歴史学会編『演習古文書選・様式編』(吉川弘文館，1976)44頁より

1-6　佐藤進一・池内義資・百瀬今朝雄編『中世法制史料集・第3巻』(岩波書店，1965)口絵より

1-7，5-6　日本銀行貨幣博物館所蔵，『貨幣博物館』(日本銀行金融研究所貨幣博物館，改訂版1995)17-18頁，28・38・39・43頁より

1-8　松岡進氏作成

1-10，12　沖縄県立博物館・美術館所蔵

1-11，2-12　熊谷武二氏撮影

1-13　ローマ・ヴァリチェリアーナ図書館所蔵，『南蛮紅毛日本地図集成』(前出)より

1-15　市立函館博物館所蔵

1-16　上ノ国町教育委員会提供

2-1　東京大学史料編纂所編『描かれた倭寇』(吉川弘文館，2015)79頁を参考に作成

2-2，3，4(右)　東京大学史料編纂所所蔵，『描かれた倭寇』(前出)それぞれ14-15頁，72頁，64頁より

2-4(左)，5　中国国家博物館所蔵，『描かれた倭寇』(前出)それぞれ52-53頁，64頁より

2-7，10　神戸市立博物館所蔵，Photo: Kobe City Museum/DNPartcom

2-8　財団法人東洋文庫所蔵，江戸東京博物館『世界のなかの江戸・日本』展図録(1994)図6より

2-9，5-9　九州国立博物館所蔵，図版提供

2-11　中村俊郎氏所蔵

3-1　東京大学史料編纂所所蔵
3-2　(上)千田嘉博氏監修，富永商太氏作図，(下)千田嘉博氏撮影
3-3　池上裕子『織田信長』(吉川弘文館，2012)208頁を参考に作成
3-4　写真提供，社団法人長崎観光連盟
3-5　韓国陸軍博物館所蔵，池享編『日本の時代史13 天下統一と朝鮮侵略』(吉川弘文館，2003)図87(208頁)より
4-1　(上)個人蔵(神奈川県立公文書館寄託)，(下)公益財団法人前田育徳会所蔵
4-2　堤勝雄氏撮影
4-3　村井章介『NHKさかのぼり日本史外交篇6』(NHK出版，2013)57頁を参考に作成
4-4　小浜市教育委員会提供
4-5　髙田徹氏撮影
4-6　朝倉市秋月郷土館所蔵
4-7　髙田徹氏作図
4-8　公益財団法人鍋島報效会所蔵
5-1　長崎歴史文化博物館所蔵
5-2　荒野泰典編『日本の時代史14 江戸幕府と東アジア』(吉川弘文館，2003)14頁を参考に作成
5-3　個人蔵，鹿児島県歴史資料センター黎明館保管，『海洋国家・薩摩』図録(1999)図2-7(19頁)より
5-4　名古屋市情妙寺所蔵，九州国立博物館図版提供，山﨑信一氏撮影
5-5　『NHKさかのぼり日本史外交篇6』(前出)19頁を参考に作成
5-7　公益財団法人出光美術館所蔵，出光美術館『陶磁の東西交流』(1984)，10頁，写真3より
5-8　京都大学附属図書館所蔵
5-10　国立公文書館内閣文庫所蔵，「琉球中山王使者登城行列」(「謝恩使」部分)，『海洋国家・薩摩』図録(前出)47頁，図5-13より